CHIRAC

ou le démon du pouvoir

Raphaëlle Bacqué

CHIRAC

ou le démon du pouvoir

Albin Michel

© Editions Albin Michel S.A., 2002
22, rue Huyghens, 75014 Paris

www.albin-michel.fr

ISBN 2-226-13071-3

« Ne vous occupez pas de ma vie,
j'irai droit au ciel ! »

Jacques Chirac
au chef de la sécurité israélienne,
Jérusalem, 22 octobre 1996.

Le prix du pouvoir

Les voitures officielles se sont arrêtées dans une rue adjacente. Les officiers de sécurité, le préfet, la chef de cabinet du président suivront à quelques pas derrière, avait prévenu l'Elysée. Jacques Chirac marche donc presque seul, vers la petite foule qui l'attend, en cet après-midi d'automne ensoleillé. Trois cents badauds et militants RPR bardés d'auto-collants. Chirac aime, quand il le peut, venir ainsi, à pied, vers ses supporters.

Quand il arrive à vingt mètres des mains qui se tendent, le président aspire une large goulée d'air frais et, dans une brusque accélération des gestes, il plonge. Toute la file est passée en revue, saluée, embrassée, touchée. Le chef de l'Etat tient à la main un petit paquet de cartes de visite gravées : « Palais de l'Elysée. Service photographique. » Une poignée de main, « attention la photo ! », et le bristol glissé par le président au badaud émerveillé : « Vous voyez, vous remplissez, vous postez pour l'Elysée et nous, on vous renvoie la photo dédicacée. »

Puis il fait volte-face. Jaugeant la foule qui, massée de l'autre côté du passage, n'a pu recevoir ses saluts, il remonte presque au pas de course, afin de refaire le même exercice. A quelques mois de la fin de son septennat, Chirac donne encore des baisers et déploie cette inventive tendresse des gestes qui a fait ses succès.

Presque personne n'a noté, ce jour-là, l'étonnante attitude de ce président de la République bateleur de son propre théâtre. Depuis trente-cinq années qu'il occupe la scène politique, Chirac a fini par imposer son formidable personnage. Bien sûr, on s'interroge sur la minceur de son bilan et ses convictions de chef politique. Ses alliés politiques ont mille fois tenté de le lâcher. Ses prédécesseurs l'ont presque toujours jugé sévèrement. François Mitterrand doutait qu'il soit tout simplement « au niveau ». Valéry Giscard d'Estaing a longtemps soutenu qu'il n'irait pas au bout de son mandat. L'ancien ministre Edgar Faure, qui l'aimait pourtant bien, résuma même un soir le sentiment général en assurant de sa voix zézayante : « Penser, pour lui, c'est d'abord penser à ce que pensent les autres... » Cet après-midi-là, pourtant, après les discours d'usage et sous les applaudissements, le président est remonté dans sa voiture dans un claquement de portières euphorique, déjà tendu vers son ultime combat présidentiel. Henry Kissinger, qui s'y connaissait en la matière, a dit un jour que le pouvoir est un aphrodisiaque...

Pour Chirac, le pouvoir a d'abord été un long combat. La bataille de sa vie. Son démon intérieur. On n'imagine jamais tout ce qu'il faut d'énergie, de séduction et de luttes fratricides, de petites lâchetés intimes et de grands renoncements pour conquérir la place au sommet de l'Etat. Chirac lui-même a soigneusement balayé tout cela sous le tapis de son ambition. Sa philosophie du pouvoir a toujours paru se résumer à cet adage hérité de la tactique napoléonienne : « On gagne, et puis après, on voit. » Il a déjà vu beaucoup.

Sur le champ politique, c'est une longue cohorte de fidèles malmenés et un bon paquet d'adversaires. Depuis qu'il s'est lancé dans son long parcours électoral, en 1967, depuis qu'il caresse l'idée de conquérir l'Elysée, Chirac montre un appétit qui se nourrit d'abord sur la carcasse des autres. Mais personne n'a vraiment pu dire qu'il avait flanché un jour. Ni au moment de porter les coups, en 1974, en 1981. Ni même dans les pires défaites. Au lendemain de son échec à la présidentielle de 1988, il traîna bien pendant des semaines une mine de six pieds de long, dans les couloirs de l'Hôtel de Ville. Jamais, pourtant, il n'accepta de dire un mot du désaveu cinglant qu'il venait de subir. Un soir, simplement, il reçut ses collaborateurs pour leur confier : « Je dois repartir. Je n'ai pas le choix. Acceptez-vous de m'aider ? »... « Je n'ai pas le choix » : faut-il ne pas s'imaginer d'autre destin, quand tout pourtant pourrait vous pousser à bifurquer vers autre chose...

Au lendemain de la dissolution désastreuse de 1997, les troupes hagardes qui se rendirent dans un palais presque vide l'entendirent seulement soupirer : « C'est une claque... Mais c'est formateur... J'en sais quelque chose... La vie politique n'est pas

11

un enchaînement de succès, mais une suite de réflexions sur la vie et sur soi-même. »

D'où vient que jamais les échecs ne l'ont fait dételer ? D'où vient qu'aujourd'hui il continue d'être habité par l'obsession d'être réélu, une fois encore, à l'Elysée ? Est-ce parce que seule la victoire peut permettre de justifier tous les renoncements passés ? Ses adversaires ne veulent y voir qu'une seule raison : « Mais enfin, il a les juges à sa porte ! Qu'il soit battu en 2002 et il sera aussitôt mis en examen ! »

Ses amis, eux, cherchent tant bien que mal à expliquer la psychologie chiraquienne. « Lorsqu'on a consacré tant de son énergie, de ses sentiments, de son moi profond à une ambition, soupire Alain Juppé, on ne renonce jamais. » « C'est un homme complexe, qui ne dit presque rien de lui et ne se réalise que dans l'action », reconnaît Jérôme Monod. « Je ne suis pas sûr qu'il aime le pouvoir en tant que tel, explique Jean-Pierre Raffarin, mais la conquête, je suis certain que oui ! » « Il calme ses angoisses à grand renfort de bain de foule parce qu'il veut être aimé », assure Jean-Louis Debré. L'ancien ministre et médecin Xavier Emmanuelli, qui fonda le Samu social avec l'aide de Chirac à la mairie de Paris, y ajoute le prisme de sa foi chrétienne : « Il y a un chagrin profond chez cet homme. Qui remonte à loin. Mais le connaît-il lui-même ? » L'écrivain Denis Tillinac, familier des Chirac, y place une touche romanesque : « Fondamentalement, il n'est ni de son temps ni de son milieu. Et je le crois, en fait, assez malheureux. Mais il s'accroche au pouvoir pour justifier son existence dans ce monde qui n'est pas le sien. »

Mais comment affirme-t-on si longtemps une ambition ? Comment supporte-t-on le goût du pouvoir même lorsqu'il est amer ? Comment parvient-on à dominer pendant trois décennies la vie politique française malgré les haines de son camp, la rivalité de ses alliés, les assauts des juges, si l'on n'en fait pas l'aiguillon de son combat ? Nicolas Sarkozy, qui croit comprendre mieux que tout le monde le caractère de Chirac, clôt pour sa part la question d'une phrase : « Mais pourquoi croyez-vous qu'il tienne tant, désormais, à la présence de Claude ? Sa fille est la seule qui le rassure ! » Le secrétaire général de l'Elysée, Dominique de Villepin, renvoie pour sa part les curieux vers le même cercle : « Vous n'avez qu'à chercher dans ses racines, dans ses références, dans sa famille ! »

Des racines, des références ? Chirac a renoncé à publier une autobiographie qu'il avait pourtant amorcée[1]. Ses goûts le portent toujours plus loin dans le temps et dans l'espace, vers des civilisations extra-occidentales et des temps anciens, là où presque personne, les érudits exceptés, ne pourra aller le chercher. Quant à ses discours, ils n'ont presque jamais été de lui.

Son clan familial a cependant été le témoin le plus constant, le plus malmené et le plus endurant de son parcours. Il en a payé le prix. Il en connaît la valeur. Chirac l'a tout entier consacré à son ambi-

---

1. Intitulée *Les Mille Sources*, elle ne fut jamais achevée.

tion. Dès qu'il a décidé de se lancer dans cette grande conquête qui a dominé sa vie. Tous ses proches, sa femme, ses filles y ont été jetés. La passion était dévorante. Personne ne pouvait lui résister. C'est sa famille qui a connu les effets les plus vibrants de ce démon du pouvoir qui l'habite.

Première partie

Le clan Chirac

1.

La famille

hanging, hanged

Chirac n'a pas de vie en dehors de la politique. C'est son moteur et son univers. A Paris, il y consacre le plus clair de son énergie. En vacances, il passe son temps pendu au téléphone avec ses collaborateurs, quand il ne les emmène pas carrément avec lui. Bernadette Chirac résume lucidement les choses, lorsqu'elle dit : « Je partage la vie d'un homme qui a donné l'essentiel de son existence à ça. » Et « ça » a tout dévoré.

Chirac n'a donc pas de lieu d'intimité. Un endroit où l'on laisse des objets qui vous sont chers, des souvenirs. Un lieu à soi. « Je n'ai pas connaissance qu'il ait jamais vécu, au moins ces trente dernières années, dans un lieu distinct de son univers professionnel », remarque son ancienne conseillère Christine Albanel. Il a toujours habité ses appartements de fonction. Le château de Bity acheté en Corrèze en 1969 est une bâtisse glaciale et sans âme dans laquelle il ne met plus les pieds depuis longtemps. En vacances, il n'aime rien tant que ces grands hôtels de luxe aux normes internationales où tout est impeccable et sans surprise. Désormais, il aura passé plus de la moitié de sa vie dans les palais nationaux.

C'est un travers assez fréquent chez les hommes politiques de haut niveau, chez les grands hommes d'affaires, que de finalement naviguer dans un minuscule périmètre où les contingences matérielles n'existent plus. Le prix d'une baguette de pain est une donnée que l'on apprend dans les médias training, et un supermarché un lieu que l'on inaugure. Chirac vit depuis bien longtemps, déjà, parmi un petit clan, une cellule d'une dizaine de fidèles, qu'il sollicite sans cesse et dont il n'envisage même pas qu'ils puissent aspirer à autre chose ou aient tout simplement le souci de ne pas y laisser leur peau. Le clan s'est constitué en trente ans, autour de quelques proches, de la mairie de Paris surtout. Ceux qui ne pouvaient ou ne voulaient pas se laisser aspirer par ce gouffre ont été laissés sur le bas-côté. C'est d'ailleurs une des caractéristiques de Chirac : il n'a pas de mépris pour ceux qui ne goûtent pas ses appétits. Il n'a pas de haine pour ceux qui contrecarrent ses ambitions. Il les écarte seulement de sa vue. Il peut comprendre, éventuellement, qu'on puisse être tenté par autre chose que le pouvoir. Mais alors ce doit être une passion quasi sacerdotale. Une foi absolue. Il n'y a rien de plus admirable, aux yeux d'un Chirac, qu'un grand médecin qui passe ses nuits au chevet de ses malades, qu'un archéologue à genoux dans la terre, cherchant les trésors d'un tombeau, qu'un prêtre qui consacre sa vie au salut des âmes. Faire partie du clan, donc, c'est accepter d'être sollicité sans cesse. Mais c'est être dans le groupe tout en restant inéluctablement à la périphérie de ce qui en constitue le noyau dur : la famille.

Soudée, tragique, étonnante, entièrement consacrée à l'ambition d'un homme. « Les Chirac, c'est Shakespeare pour le sexe, le sang, les larmes et la famille Addams pour les moments de comédie », assure Pierre Charron, qui fut l'un des collaborateurs de Chirac à la mairie de Paris avant de rejoindre Edouard Balladur. Trois femmes pour un homme, soudés par le drame, pris dans une irrésistible ascension. La chose se voit parfois dans les milieux du pouvoir. Derrière un élu ambitieux, il y a bien souvent un conjoint conciliant qui colle les enveloppes en début de carrière et se coltine ensuite les inaugurations. Mais on est là dans un système qui va bien au-delà du partenariat que peut engager un couple. Dans la violence et les trahisons qui marquent une vie politique, le clan Chirac s'est non seulement jeté tout entier dans la passion du père, mais il n'a jamais faibli.

Cela fait belle lurette que le clan ne mène plus une vie normale. On ne parle pas seulement de l'aisance matérielle, de la domesticité, des facilités quotidiennes, des gardes du corps permanents autour du président, de son épouse, de ses filles, de son petit-fils. Mais il y a aussi cette surexposition médiatique, ces amis qui sont aussi des obligés, et ces scrutins électoraux qui sont comme des élans ou des gifles donnés publiquement par des millions de Français.

Aux yeux de Chirac, la famille peut tout, subit tout mais doit être protégée. Et cette règle absolue vaut pour lui comme pour les autres. Il a su très vite que François Mitterrand était le père de Mazarine. Des journalistes, les Renseignements généraux, la rumeur l'avaient amplement informé de la double vie familiale de son adversaire. Il n'a jamais admis que l'on exploite l'affaire. Il est d'une génération, d'un milieu, d'une culture où l'on préserve les apparences conjugales, même si le voile est mince, où les maîtresses sont la marque inhérente du pouvoir, un dérivatif aux soucis, un dû, presque, mais ne sauraient se donner de la publicité.

Le principe va bien au-delà : la famille est sacrée même dans ses débordements, parce qu'elle subit plus que toute autre la loi dévorante du pouvoir. Chirac a évidemment appris très vite les comportements de Jean-Christophe Mitterrand en Afrique, les soirées peuplées de call-girls où l'on s'enivre au château-pétrus et les libertés prises avec la morale. Il a toujours donné instruction pour que l'on n'en dise rien. « Il n'aime pas les racontars et les attaques sur la vie privée », affirme son conseiller Maurice Ulrich. Après bien des discussions, il a ainsi accepté que Bernadette écarte son chauffeur, Jean-Claude Laumond, coupable de connaître trop bien les rendez-vous du père, les sorties de la fille et soupçonné de les raconter parfois aux collaborateurs et à la presse. Il a évidemment détesté que les juges s'intéressent aux voyages effectués par sa fille, sa femme, sa belle-mère, mais aussi ses bonnes amies. Au fond, il considère que chaque membre de sa famille a largement payé sa contribution à son engagement dans la vie publique et peut bien bénéficier de compensations matérielles.

Car Chirac a jeté tous ses proches dans la construction de sa vie publique. Bernadette, Laurence et Claude. L'épouse et les deux filles. « Au fond, c'est un égoïste qui ne pense qu'à lui. Le tropisme chiraquien, c'est qu'on lui appartient », assure Nicolas Sarkozy qui s'y connaît en la matière. Les égoïstes généreux sont une catégorie à part. Chirac est de ceux-là. Attentif à demander des nouvelles des enfants mais convaincu que rien ne doit lui résister.

Ce n'est pas tant son père qui lui a inculqué cette idée. Abel Chirac, employé de banque devenu homme d'affaires, plongé dans son travail, entretenait des rapports difficiles avec son fils et ne s'intéressait pas vraiment à la politique. « Je n'ai jamais su dire comment il votait » a toujours assuré Chirac[1]. Mais pour Marie-Louise, sa mère, rien n'a jamais été trop beau pour lui. On s'en voudrait de faire de la psychologie de comptoir, mais Jacques est né le 29 novembre 1932, presque dix ans après une petite sœur, Jacqueline, morte à dix-huit mois d'une broncho-pneumonie. Dès lors, pour sa mère, il a été l'enfant adulé, son prince, son trésor. On ne dira jamais assez combien les mères sont importantes dans le parcours d'un homme, et particulièrement des hommes politiques. François

---

1. *In* Maurice Szafran, *Chirac ou les passions du pouvoir*, Grasset, 1986.

Mitterrand, à la fin de sa vie, parlait encore de la sienne avec dévotion. Bernadette Chirac se rendit assez vite compte que celle de son mari avait placé la barre très haut.

Dans la légende familiale, Bernadette a toujours livré d'emblée aux biographes cette première scène qui en dit long sur la place que l'ambition politique de Jacques a prise sur tout le clan. C'était en 1965, Chirac venait d'être élu pour la première fois conseiller municipal à Sainte-Féréole, en Corrèze. La jeune épouse, qui croyait encore n'avoir à se consacrer qu'à ses deux filles, de sept et trois ans, crut qu'elle pourrait se dispenser de paraître aux côtés du vainqueur. Grossière erreur. Abel et Marie-Louise, ses beaux-parents, se mirent de la partie pour tancer l'inconsciente. On ne freine pas l'ascension d'un jeune espoir.

Depuis, les soldats sont rentrés dans le rang. Et Chirac les a entraînés à marche forcée dans sa propre course. Si Jacques a interdit à Bernadette de travailler, ce n'est pas seulement une question de milieu ni même d'époque. Mais bien parce qu'il voulait qu'elle ne se consacre qu'à lui. Il ne l'a pas maintenue de force au foyer : il l'envoyait prendre en notes les conférences qu'il ne pouvait pas suivre. Elle a tapé pour lui des dizaines de rapports à la machine à écrire. Lorsqu'elle voulut prendre des cours d'archéologie, la première réflexion de son mari fut de dire : « Vous n'y pensez pas, vous allez briser ma carrière ! » Et lorsque les Chodron de Courcel, furieux que leur gendre fasse de la politique, menacèrent de couper les ponts avec leur fille, Chirac, exaspéré, s'emporta méchamment : « Vous ratez tout et vous faites tout rater aux autres ! » Repensant à cet épisode, Bernadette dit aujourd'hui : « Lorsque vous avez entendu cette phrase une fois, si vous avez un tant soit peu d'amour-propre, vous essayez de la faire mentir[1]. » Des années durant, à la mairie de Paris, elle a donc dû faire des inaugurations, représenter son époux lorsqu'il n'était pas là, aller à sa place aux premières d'opéra, qu'il déteste, recevoir parfois des alliés politiques se sentant un peu délaissés. En 1979, lorsqu'il manqua de candidats pour tenir la Corrèze, c'est elle qui dut se dévouer pour aller se présenter aux cantonales. C'est encore elle qui, aujourd'hui, perpétue sa présence en y étant élue. Un jour qu'elle se plaignait, il lui balança cette vacherie : « La Corrèze vous aura évité de devenir une femme futile. » Elle a surtout permis au mari d'y maintenir sa présence, même lorsque ses fonctions nationales l'en éloignaient. De cette façon, il y a toujours un Chirac, élu en France profonde et au cœur de l'Elysée.

Il ne faut pas négliger, d'ailleurs, la façon qu'a la famille de porter haut le nom de Chirac. Ils pourraient s'enorgueillir d'avoir dans leur ascendance, du côté de Bernadette, des Chodron de Courcel, où l'on compte notamment un Compagnon de la Libération gaulliste et de riches industriels. Mais la gloire du clan, c'est lui. Et chacun l'a intégré. Il

---

1. In *Conversation*, entretien de Bernadette Chirac avec Patrick de Carolis, Plon, 2001.

fallait entendre, il y a quelques années, Claude, la fille cadette, assurer qu'elle voulait un enfant, un garçon, qu'il porterait son nom, Chirac, « parce que mon père n'a pas eu de fils, qu'il est lui-même fils unique, sans frère, sans cousin ni cousine et que le nom de Chirac ne doit pas mourir ». Pour cette cause-là, toute la famille, même Bernadette, a accepté de déroger aux usages encore en cours à l'époque. Lorsque Martin est né, en 1996, c'est donc Claude qui a déclaré l'enfant la première, afin qu'il soit enregistré à l'état civil sous le seul nom patronymique de Chirac. Le petit-fils du président porte bien comme nom d'usage, et comme la loi l'autorise, celui de Rey-Chirac. Mais sur les registres, Thierry Rey, l'ancien compagnon de Claude et père de Martin, a dû se mettre en retrait. Chirac est une marque qui prend le pas sur toutes les autres. Et cela fait bien longtemps que Claude n'appelle plus son père que comme cela, devant les journalistes.

Travailler avec lui, c'est donc aussi faire avec les membres de la famille. Cela n'est pas toujours facile. Mais tout est si étroitement mêlé... A la mairie de Paris, mère et fille avaient leurs bureaux, leurs chauffeurs, leur secrétariat. Il en est de même à l'Elysée. Et aux collaborateurs de jongler entre vie publique et vie privée. Lorsque Claude, adolescente, jouait les rebelles et sortait tard, il y avait toujours un collaborateur de la mairie de Paris pour veiller sur elle et la rechercher. Aujourd'hui, elle dirige la communication du président, mais qui pourrait contester la fille du chef de l'Etat ?

Les Chirac savent pourtant combien leurs relations suscitent l'intérêt. Ils connaissent les critiques, les curiosités. Bernadette connaît les incartades de son mari, ses succès féminins. Sans doute déteste-t-elle les rumeurs qui courent sur ses conquêtes. Elle peut tourner le dos ostensiblement à une femme trop décolletée devant laquelle son mari marque de l'empressement, mais elle sait aussi faire face, crânement. Au lendemain de la présidentielle, la rumeur courut tout Paris que le nouveau chef de l'Etat entretenait une liaison avec une actrice italienne. Bernadette fit front. Partie faire campagne dans son canton de Corrèze, elle se tourna vers les dizaines de journalistes, dont un bon nombre de la presse people, relais privilégiés de la liaison supposée entre le président et l'actrice : « Toute cette presse, ici ! Mais je ne suis pourtant pas Claudia Cardinale, tout de même ! » Le président lut la réplique, lancée avec un certain panache, dans les journaux. Il ne serait pas dit que sa femme était dupe.

Cela ne signifie pas que leur vie conjugale soit sans crise. Bien au contraire. Mais Bernadette, qui peut parler de son mari devant les caméras comme une midinette le ferait, a déployé des trésors de finesse pour sauver souvent un contrat qu'il aurait mis en pièces. Chez les Chodron de Courcel, on ne divorce pas.

Dans la conception qu'a Chirac de la vie publique et de son ambition non plus. Dût-il y sacrifier ses sentiments les plus profonds. En 1975, au lendemain de sa démission de Matignon, il a pourtant été tenté de bouleverser cette vie conjugale si patiemment construite. Chirac avait rencontré une jeune femme[1], d'un milieu différent du sien, plus à gauche pour tout dire. La liaison s'annonçait durable. Chirac écrivait des lettres, des poèmes, n'habitait presque plus chez lui. Il croyait pouvoir changer de vie sans modifier son ambition présidentielle. Ses conseillers ne l'entendirent pas ainsi. Marie-France Garaud, qui veillait sur son poulain et avait déjà tracé sa stratégie, se dépêcha elle-même auprès de la jeune femme. « Vous devez arrêter immédiatement cette histoire, lâcha-t-elle. Vous mettez en danger sa candidature à la présidentielle. Je vous demande donc cela au nom de la France. » Chirac avait-il suscité cette visite grandiloquente ? En tout cas, on ne l'empêcha pas. La rupture fut consommée. Les lettres et les poèmes repris, l'ambition sauvée. Et, quelques années plus tard, lorsqu'un roman à clé intitulé *Nous nous sommes aimés jusqu'aux présidentielles* retraça toute l'histoire, les exemplaires du livre furent tous discrètement rachetés. Dans les milieux chiraquiens, l'histoire, que l'on rapporte régulièrement, continue de glacer. Bernadette, elle, ne l'a pas oubliée.

Au lendemain de la présidentielle, les Chirac allèrent ainsi au Vatican, accompagnés du ministre des Affaires étrangères de l'époque, Hervé de Charette. Celui-ci, remarié, n'avait pu se faire accompagner de sa nouvelle épouse : l'Eglise ne reconnaît pas le second mariage après un divorce. Bernadette, apprenant la chose, se tourna alors vers son mari et

---

1. Longuement interrogée par l'auteur, elle n'a pas voulu que son nom figure dans ce livre.

lâcha haut et fort : « Vous voyez où vous en seriez, si vous aviez mis vos menaces à exécution ? » L'épouse ne manque pas de cran.

Le plus ennuyeux aux yeux des Chirac réside cependant dans la représentation d'un autre couple qui s'est formé au sein de la famille : celui de Jacques et Claude. Les Chirac n'ignorent pas l'interprétation psychanalytique à laquelle chacun se livre en constatant l'engouement de la fille pour son père, la confiance absolue du père pour la fille. Dès avant 1995, ils ont fait comme si tout cela devait avoir une fin. Claude, surtout, répétait régulièrement qu'elle ne resterait pas auprès de son père après son entrée à l'Elysée. Elle assure aujourd'hui qu'elle partira si celui-ci entame un deuxième mandat. Bernadette, plus subtilement, défend le choix qu'a fait son mari de les entraîner dans sa passion pour le pouvoir en évoquant les épreuves vécues par la famille dans le passé. La présence de Claude aux côtés de son mari ? Elle répond : « Vous savez, nous avons beaucoup souffert », et cette allusion à leur tragédie intime fait office de bouclier.

2.

La première des deux filles

Les petites ont passé un paquet de week-ends à être trimbalées jusqu'en Corrèze. Leur père prenait le train, arrivait à Brive à 22 heures, et repartait le dimanche par le 23 h 53 jusqu'à Paris. Elles, venaient avec leur mère, en voiture. Elles jouaient au ping-pong et s'ennuyaient ferme, pendant que papa faisait la tournée des paysans en promettant l'alimentation en eau potable de tous les hameaux. Quand maman a été élue à son tour, elles ont lâché la corde. Elles étaient adolescentes et n'avaient aucune envie de s'enterrer à la campagne à attendre les parents. Dans la mémoire de Claude, ces moments-là ont été repeints, depuis, de la belle couleur des terroirs et de l'authenticité. Mais enfin, ce n'est pas ce que les filles ont vécu de plus exaltant.

Le reste du temps, à Paris, elles déboulaient parmi les collaborateurs de Chirac, à Matignon ou à l'Hôtel de Ville. Elles ont habité toute leur enfance à un étage du bureau de leur père. Ce dernier a toujours fait comme cela avec sa famille. Pendant des années, il a invité à déjeuner tous les dimanches sa belle-mère, même si les trois quarts du temps il était absent. Géographiquement, tout le monde était proche. Vivait-on ensemble pour autant ?

Dans la famille Chirac, Laurence et Claude sont les deux témoins les plus probants de la passion politique de leur père. Elles sont celles qui ont sans doute vécu le plus cruellement son absence, la compensation par l'argent, l'envoi de professeurs particuliers parce qu'on ne s'est jamais penché soi-même sur les cahiers d'écoliers des enfants. Laurence et Claude le voyaient rarement. Chirac partait sans cesse. A Paris, en Corrèze, sur les routes. « Sa grande phrase, c'était : je file[1] ! » explique Bernadette. Mais aux yeux du public devant lequel se joue depuis trente-cinq ans cette comédie du pouvoir, l'une s'est surexposée et l'autre progressivement effacée. Même la presse, lorsqu'elle parle de Claude, a pris l'habitude de dire « la » fille du président. Comme s'il n'en avait qu'une.

La tragédie des Chirac se noue là. Le président n'en parle jamais. Ni à ses biographes ni à ses proches. Vaguement une allusion à la difficulté d'élever des enfants, peut-être. Il peut téléphoner à la mère d'Alain Juppé pour lui dire que son fils a mauvaise mine et qu'il faut le faire manger, il peut ne jamais manquer de demander des nouvelles d'une épouse malade ou d'un adolescent qui passe son baccalauréat. Il peut s'enquérir d'un divorce

---

1. *Conversation, op. cit.*

difficile, d'une maîtresse exigeante. Mais il ne dit pas un mot de ce duo inégal que forment aujourd'hui ses deux filles, l'une devenue sa plus proche collaboratrice parce que l'autre a depuis longtemps choisi de se dérober.

Laurence, l'aînée, était celle qui ressemblait le plus au père. Née le 4 mars 1958, on reconnut en elle la même vitalité séduisante, le même côté chef scout, très entreprenante. Intelligente et bonne élève, aimant l'action. Les vieux amis de la famille se souviennent qu'elle faisait de la voile, du cheval, qu'elle était enjouée et pas le moins du monde intimidée. Elle a toujours eu, cependant, une certaine façon de se tenir très en dehors du milieu que fréquentait son père. Les proches se rappellent la petite fille, l'adolescente, ensuite plus rien. Des collaborateurs qui travaillent depuis quinze ans avec le président ne l'ont jamais rencontrée. Bernadette et Claude peuvent parfois parler d'elle, mais elle reste celle sur laquelle l'entourage n'ose même pas chuchoter.

Il y a pourtant des témoins. Ces dizaines et dizaines de médecins, de psychologues, d'infirmiers, mais aussi les gourous en tout genre, les magiciens de l'âme, les charlatans, qui se sont penchés au fil des années sur le cas de Laurence. Car les Chirac ont remué ciel et terre. Ils ont rencontré les grands mandarins et les médecins solitaires, ils ont voyagé aux quatre coins de la planète avec elle, dans des avions privés prêtés par des entrepreneurs amis ou par le milliardaire libanais Rafic Hariri, pour aller montrer leur fille à un nou-

30

veau psychiatre américain, suédois ou italien. Ils ont
tout entendu, y compris ce qu'ils ne voulaient pas
écouter : qu'il devait arrêter la politique, s'occuper
d'elle, vivre une vie normale de père de famille. Ils
étaient connus, ils avaient de l'argent, ils pouvaient
accéder aux plus grands noms de la médecine, et
Laurence continuait pourtant de refuser de manger. Peut-on mesurer plus cruellement la relativité
du pouvoir ?

Les Chirac en ont alors fait leur secret. Pour la
protéger, bien sûr, puisqu'elle s'était mise à haïr le
monde et à se haïr elle-même. Pour se protéger
aussi eux-mêmes, puisque plusieurs médecins et psy-
chanalystes avaient pointé que ce genre de patholo-
gie trouve sa source dans un mode de vie, une
histoire familiale. Lorsqu'on maintient un tel rempart autour du secret, les rares personnes qui pénè-
trent derrière les hauts murs de la forteresse sont à
jamais liées.

« Les Chirac sont des gens qui ont beaucoup souffert et qui font très attention à la souffrance des
autres », dit seulement Annie Lhéritier, chef de
cabinet du président, qui connaît la famille depuis
trente-cinq ans, lorsqu'on prononce le prénom de
Laurence. Mais la fille aînée est à la source de bien
des fidélités. Les fondements de l'amitié des Chirac
pour l'industriel François Pinault ? « Ce qu'il a fait
pour Laurence », vous renvoie-t-on. Le lien qui sub-
siste entre le président et Charles Pasqua, malgré
les trahisons, les coups de gueule, les désaccords
politiques ? « Lorsque Laurence a fait une tentative
de suicide, Chirac était en vacances en Thaïlande,

racontent les proches. Il est rentré par le premier avion. Au chevet de sa fille, il y avait les Pasqua. Deux mois auparavant, pourtant, Pasqua et Séguin venaient de tenter de lui prendre la présidence du RPR et les deux hommes ne se parlaient plus. »

C'est ne rien comprendre à la culpabilité et aux angoisses qui nourrissent le rapport de Chirac au pouvoir que d'oublier son aînée. Car elle est l'inévitable illustration de l'aspect dévorant de la politique. Longtemps, Chirac a assuré aux journalistes qui l'interrogeaient qu'il aurait voulu être médecin, s'il avait fallu changer le cours des choses. Il a peu à peu cessé de le dire lorsque Laurence, qui suivait des études de médecine, s'est enfoncée plus profondément dans la maladie.

Sa fragilité s'est pourtant manifestée dès l'âge de 15 ans, en pleine adolescence. Bernadette, qui parle aujourd'hui volontiers de Laurence, assure que tout a commencé un jour de juillet, alors qu'elle séjournait avec ses filles en Corse. Sans Chirac, retenu alors au ministère de l'Agriculture. La jeune fille faisait une régate. Elle s'est plainte de violents maux de tête. Il fallut faire venir trois médecins avant que l'on diagnostique une méningite. Chirac, prévenu, dépêcha aussitôt un avion sanitaire afin de transporter Laurence à la Pitié-Salpêtrière, à Paris. Bernadette Chirac a gardé de ces jours terribles le souvenir précis des cris de sa fille pendant une ponction lombaire qui, selon elle, se passa mal. C'est cette méningite qui, d'après Bernadette, a ensuite provoqué cette très grave anorexie mentale dont Laurence ne s'est jamais vraiment libérée.

Les médecins ont-ils cherché dans la vie familiale que menaient alors les Chirac une des raisons de sa maladie ? Ont-ils suggéré à son père de lever le pied ? D'être plus présent ? Chirac, s'il en a jamais eu la tentation, n'a pas en apparence modifié sa boulimie de travail. Mais il s'est rajouté une obligation.

Sorti tout juste de Matignon, en 1976, le père s'est attelé à guérir sa fille. Tous ses amis racontent encore comment, plusieurs mois durant, il alla presque chaque jour déjeuner avec elle, quitte à redéjeuner ensuite, en fonction de ses obligations professionnelles. Mais Laurence paraissait s'enfoncer inexorablement dans la dépression.

Le couple frappa alors à toutes les portes, hôpitaux publics, cliniques privées, à Paris, en province, dans toute l'Europe et aux Etats-Unis. Chirac en a gardé une série d'adresses et de contacts personnels qui parfois étonnent ses amis. « Mais il n'y avait rien pour l'accueillir, explique aujourd'hui Bernadette. Nous étions dans un isolement presque total, celui que connaissent tous les parents dans cette situation. »

En 1988, Chirac, qui avait rencontré le professeur Lejeune, découvreur de la trisomie 21 quelques années auparavant, lui demanda pourtant de prendre Laurence dans son service. La famille croyait à un mieux. Laurence suivait tant bien que mal ses études de médecine, travaillait, tout en continuant d'être suivie par un psychiatre réputé, le professeur Bertagna. Puis vint le vendredi 13 avril 1990 et, pour la première fois, l'affaire de famille devint publique. Laurence, qui vivait à son domicile en compagnie d'une infirmière, parvint à sauter par la fenêtre, du quatrième étage. Fractures multiples au bassin, plaies à la tête. Chirac rentra immédiatement de voyage.

Depuis, les Chirac vivent avec cette hantise-là. Deux ans avant la tentative de suicide de Laurence, entre les deux tours de la présidentielle de 1988, ils avaient déjà dû faire face à la rumeur de sa mort. « Une rumeur impossible à briser », assure Lydie Gerbaud qui, à l'époque, était l'attachée de presse de Chirac. « Pendant des mois, ils reçurent des condoléances. Dans des dîners, des gens venaient les assurer de leur sympathie. » Lorsque la presse évoqua l'affaire, Chirac dit simplement : « Je me disais qu'il valait mieux ça et qu'elle soit vivante[1]. » Curieusement, Bernadette Chirac situe les débuts de cette rumeur en 1993, une période politique tendue pour son mari, puisqu'elle marqua le début de son affrontement avec Balladur. Vérifications faites, c'est bien en 1988 que naquit la rumeur de la mort de Laurence. Mais enfin, depuis, les Chirac vivent avec cela. Tous ceux qui suivent le président savent bien que c'est d'ailleurs l'une des premières questions qui vient très vite – après le traditionnel « alors, est-ce qu'il est vraiment sympa ? » – : « Ils ont perdu une fille, n'est-ce pas ? »

Laurence continue cependant de se tenir en retrait. Elle était bien dans les salons de l'Elysée, le jour de la passation de pouvoir, le 17 mai 1995, et

---

1. Rapporté par *Le Journal du dimanche*, le 15 avril 1990.

le nouveau président vint l'embrasser. Pour le reste, elle n'apparaît pas. Elle vit à Paris, passe parfois quelques jours dans les résidences que la République met à la disposition du chef de l'Etat. Mais elle fait en sorte que personne ne la voie.

Il reste effectivement de ce chagrin un étonnant rapport à la souffrance et au handicap. Bernadette Chirac s'est lancée dans une entreprise très active d'amélioration des hôpitaux et dans la création à Paris d'une structure spécialisée dans le traitement des comportements alimentaires pathologiques, qui va bien au-delà de l'engagement traditionnel dans les bonnes œuvres. Quant à son mari, il affirme une véritable attention pour les handicapés. « C'est très instructif de creuser cet aspect-là du personnage Chirac », assure Clara Gaymard, brillante haut fonctionnaire, fille du professeur Lejeune et épouse de l'ancien secrétaire d'Etat Hervé Gaymard. « Je suis allée plusieurs fois avec lui et mon père dans des maisons de polyhandicapés adultes. Ce sont des rencontres très marquantes. Des hommes et des femmes sont là, allongés ou dans un fauteuil roulant, la plupart du temps ne parlant pas. La rencontre ne se fait que si l'on met son esprit conceptuel en berne. Chirac est un des rares hommes que je connaisse qui sache instinctivement leur parler. » Franz-Olivier Giesbert, qui écrivit en 1988 une brillante biographie[1] sur celui qui n'était pas encore président, fit de son rapport très particulier avec les handicapés le prologue de son livre.

---

1. Franz-Olivier Giesbert, *Chirac*, Le Seuil, 1987.

Aujourd'hui encore, c'est l'un des rares domaines où Chirac paraisse se dépouiller du cynisme qui fait son ordinaire d'homme perpétuellement en campagne.

On se souvient ainsi d'un jour de printemps 2000, aux environs d'Avignon. Le président venait de serrer mille mains tendues avec le même sourire ravi. Discrètement, Claude régentait ce qui fournirait aux journaux de 20 heures les meilleures images destinées à nourrir ce capital qu'est sa popularité. Les conseillers analysaient la parole présidentielle, dans la voiture du chef de l'Etat, on se repassait des sondages, des notes confidentielles sur ses adversaires, le descriptif détaillé des résultats électoraux du Vaucluse. Puis, le barnum médiatique disparut. Les télévisions partirent envoyer leurs sujets. Chirac, lui, se rendit dans un gymnase de la banlieue d'Avignon. Pendant plus de deux heures, il y assista, muet et attentif, à un cours d'expression corporelle et théâtrale donné à une petite dizaine d'enfants trisomiques. On fit cercle, avec les éducateurs, deux élus locaux et les parents, trente personnes à tout prendre. La discussion fût âpre. Les familles se sentaient seules, abandonnées par l'Etat, agressées par la société tout entière. Chirac, qui est pourtant passé maître dans la capacité à s'adapter à son interlocuteur, quoi qu'il dise, ne céda rien cette fois. Pas de compassion maladroite, pas de démagogie.

« Tout homme est deux hommes, et le plus vrai est l'autre », écrivait Jorge Luis Borges. Evidemment, tous les amis de Jacques Chirac assurent que cet autre, sensible et blessé, est le vrai. Mais comment les croire lorsqu'il ne montre presque jamais ce visage-là ?

Laurence est donc la figure effacée des photos officielles d'un personnage trop public. Reste Claude. Bien sûr, le malheur de l'aînée l'a rapproché d'elle. Comment n'aurait-il pas été glacé de découvrir un jour, dans *Le Figaro Madame*, ce que Claude disait de sa relation avec lui : « J'avais cinq ans lorsque papa s'est lancé dans la politique. Je ne me souviens pas d'avoir passé un dimanche entier en sa compagnie. » Claude livrée à elle-même. Claude perdue dans la rébellion des gosses à la vie facile, boîtes de nuit et paradis artificiels. « Nous avons tous pensé et compris qu'il la plaçait dans son cabinet par culpabilité de ce qui était arrivé à Laurence », explique Lydie Gerbaud, l'ex-attachée de presse de Chirac. « Quand on est par monts et par vaux, on oublie souvent le cercle le plus restreint. Et les relations prennent ensuite l'allure d'un rattrapage de temps perdu », résume Françoise de Panafieu. « Chirac avait été un père très absent, il est devenu trop présent. » Et Claude est devenue le nouvel élément, étonnant autant qu'essentiel, de la galaxie chiraquienne.

3.

Claude ou le rattrapage d'un père

Bernadette a longtemps refusé que Claude s'occupe de son père. « Il faut l'envoyer en Amérique », disait-elle. Mais la jeune fille se cherchait, abandonnant ses études, changeant sans cesse de travail, ne sachant pas encore où se poser. Laurence allait mal. Et Chirac, politiquement, se retrouvait passablement isolé.

Peut-être Claude n'aurait-elle pas pris autant de place dans l'équipe présidentielle de son père si les plus efficaces soutiens de Chirac étaient restés auprès de lui. Un an après la défaite de 1988, alors que beaucoup doutaient qu'il puisse être, pour la troisième fois, le candidat de la droite, Claude demanda à son père de l'engager. L'engager est bien le mot. Car jusqu'ici, elle n'avait pas eu d'influence précise sur lui. Invitée par Jean-Michel Goudard dans l'agence de publicité RSCG, elle était restée un an à visiter tous les départements de la société : publicité, marketing, communication. Sans grand intérêt, mais le conseiller en communication du chef d'un parti aussi puissant ne saurait refuser à son client de s'occuper de sa fille. En 1989, Chirac confia donc à Claude le soin de gérer ses déplacements en province, lui attribuant un bureau, un secrétariat, un chauffeur. Nicolas Sarkozy, comprenant combien connaître la fille le rapprocherait du père, la prit sous son aile, lui montrant comment monter un meeting et organiser une campagne. Goudard et Sarkozy, deux mentors, un quinquagénaire et un homme plus jeune, pour encadrer celle que l'on appelait alors « fifille » et qui n'était pas encore devenue la « Claude » d'aujourd'hui. Elle n'avait pas mal choisi ses parrains, l'un responsable de l'image de son père, l'autre rêvant déjà de pouvoir lui apporter des idées et des troupes. Eux avaient soigneusement choisi leur protégée. La jeune femme n'était encore qu'une petite main dans la grande machinerie du RPR, mais ils avaient tous deux compris que l'angoisse et le manque d'estime de soi qui caractérisent parfois Chirac le pousseraient toujours à faire confiance aux jugements de son clan. Claude n'était pas sotte et elle était jolie.

La victoire de la droite en 1993, le départ d'Edouard Balladur à Matignon, de Sarkozy au Budget, de Michel Roussin à la Coopération, d'Alain Juppé au Quai d'Orsay et d'un bon nombre de hauts fonctionnaires vers les cabinets ministériels, provoqua cependant une véritable saignée dans les cercles chiraquiens. Claude débarqua donc vraiment dans ce désert-là. Modestement, discrètement, « fille de », mais apparemment novice dans un univers de politiciens professionnels.

Ont-ils remarqué, ceux qui servaient alors Chirac, combien la fille ressemble au père ? Physiquement, la similitude des traits est évidente. Le nez pointu, mais chez elle d'une incroyable finesse, le menton volontaire, les yeux mobiles. L'attitude est plus mélangée, cependant, entre les influences paternelles ou maternelles. Elle semble avoir le souci d'établir une vraie proximité, le goût aussi de la séduction, mais elle est parfois d'une froideur absolue avec qui lui déplaît. Bernadette peut tourner les talons juste au nez et à la barbe d'un importun. Claude, elle, passera devant lui sans le voir, son portable collé à l'oreille, écoutant un interlocuteur qui peut-être n'existe même pas. Dure et tendre à la fois. « Au fond, reconnaît l'ancien ministre Jean-Pierre Raffarin, vous ne pouvez jamais tout à fait savoir si vous devez l'embrasser chaleureusement sur les deux joues ou conserver votre quant-à-soi. C'est elle qui choisit. Elle choisit si elle veut vous saluer comme un ami ou vous laisser en dehors du cercle, si elle veut exister ou s'effacer. »

En ce début des années 90, lorsqu'elle commence à occuper un bureau à l'Hôtel de Ville, les plus vieux fidèles comprennent qu'elle possède un atout qu'aucun d'entre eux n'aura jamais : la compréhension intime de ce que veut Chirac et de ce qu'il est. L'intuition aussi de ce dont il a besoin. Et à cette période, il a besoin d'à peu près tout, dans la perspective de cette présidentielle de 1995 qui sera sa dernière chance. Il lui faut fragiliser et éliminer ses adversaires. Il cherche des idées, des bonnes volontés, des relais dans la presse et parmi les faiseurs d'opinion.

Lors de ses vacances, son chargé de communication Pierre Charron a rencontré un brillant politologue, Philippe Habert. C'est un jeune homme extraverti et sympathique, boulimique de travail, ambitieux, qui nourrit une grande admiration pour Chirac et présente l'immense intérêt de diriger la page « Sondages et opinion » du *Figaro*. Charron a expliqué tout l'avantage qu'il peut y avoir à entretenir des relations amicales avec un tel garçon, et un dîner a été organisé avec Chirac. Depuis, le clan ne manque pas d'alimenter le politologue en analyses politiques, convaincu qu'il vient de rencontrer là un formidable vecteur d'influence sur l'électorat de droite. Il n'a pas tort. Quelques semaines après la rencontre avec Chirac, Habert a publié un commentaire désastreux pour Valéry Giscard d'Estaing qui cherche encore, à l'époque, à revenir : au sein de la droite, seul le président du RPR paraît en mesure de l'emporter à la présidentielle. L'Hôtel de Ville est radieux.

La petite équipe chiraquienne découvre cependant, des semaines plus tard, que Claude, de son côté, a rencontré Philippe Habert. « Un coup de foudre », assurent les amis de la famille. Les Chirac ont passé quelques jours de vacances avec lui. Ce n'est pas la première fois que Claude choisit ses amours dans le milieu qui gravite autour de son père. C'est, après tout, son milieu à elle aussi. Elle est séductrice comme le sont les Chirac. Elle aime aussi charmer les hommes qui aident le clan. Anne-Valérie Botton lui a assez reproché d'avoir séduit son mari, Pierre, alors que celui-ci aidait financière-

41

ment Chirac et que, brouillé avec son beau-père Michel Noir, il était en mesure de contrecarrer les ambitions présidentielles de ce dernier. Mais cette fois, l'idylle avec Habert paraît plus sérieuse. Le mariage a été très rapidement décidé.

Il a lieu le 12 septembre 1992 à la mairie du 4e arrondissement de Paris. C'est Jacques Chirac qui marie lui-même sa fille. Pour le mariage civil, il a été décidé de limiter les invités. Pour l'heure, la petite assemblée qui assiste au « oui » des mariés compte parmi les plus puissants amis de la tribu. Le patron du *Figaro* Robert Hersant, qui modère pourtant ses apparitions publiques, est là, aux côtés d'Alain Juppé. Le marié a choisi pour témoins deux des architectes de sa réussite : son directeur de thèse Alain Lancelot, alors directeur de Sciences-Po [1], et le directeur général du *Figaro*, Philippe Villin. Claude, elle, a choisi ses deux mentors : le publicitaire Jean-Michel Goudard et Nicolas Sarkozy. Tenues blanc cassé pour la jeune mariée et pour sa mère, Bernadette. Costumes gris pour Philippe Habert et pour Chirac. Gendre et beau-père ont tous deux choisi une chemise bleue et une cravate grise et blanche aux motifs presque semblables. Les cadeaux ont été entassés dans un des salons. Des photos du jeune couple ont été réalisées pour la presse. La politique et la famille n'ont jamais été plus intimement mêlées.

---

1. Alain Lancelot a été nommé, le 29 mars 1996, membre du Conseil constitutionnel, par René Monory qui était alors président du Sénat.

Le mariage religieux a lieu à Sarran, la ville dont Bernadette est maire adjoint, le 3 octobre suivant. Le pape Jean-Paul II a fait parvenir, par l'intermédiaire de Mgr Brunon, l'ancien évêque de Tulle, qui célèbre la messe, un message de sympathie. Deux mille invités, parmi lesquels le grand patron François Pinault, l'acteur américain Gregory Peck ou la vieille amie Line Renaud, ont été conviés à une magnifique réception donnée dans la propriété familiale, le château de Bity. Il pleut des cordes. On répète aux mariés la banalité d'usage : « Mariage pluvieux, mariage heureux... »

Claude a-t-elle cependant expliqué à son mari le but supérieur vers lequel tout le clan est tendu ? Habert a-t-il cru qu'il pourrait être le gendre de Chirac tout en restant libre dans ses commentaires publiés par *Le Figaro* ? Les relations tournent très vite à l'orage. Lors d'une interview sur France 3, en janvier 1993, alors même que Chirac mène à fond de train la campagne des législatives qui doit conduire – ainsi qu'il l'a décidé – Edouard Balladur à Matignon, Habert étrille le partenaire de son beau-père. Pour le jeune politologue, Balladur est le représentant de « la France des campagnes », il incarne « le retour de la République bourgeoise » et le nommer à Matignon serait un formidable cadeau à la gauche. Bigre !

Dans l'entourage du président du RPR, l'entretien fait hurler. Edouard Balladur exige des explications, croit qu'Habert n'a pu parler qu'avec l'assentiment des Chirac. Il comprendra bien vite qu'il fait erreur. Car c'est Claude elle-même qui

monte au front pour désavouer son mari et sauvegarder l'alliance que son père a passée avec celui
qui est alors son principal conseiller. Elle, si avare
d'entretiens avec la presse, accepte de répondre aux
questions de Ghislaine Ottenheimer dans *Globe
Hebdo.* Question : « Il y a quelques semaines, le
microcosme s'est beaucoup ému de voir et d'entendre votre mari, le politologue Philippe Habert,
expliquer qu'Edouard Balladur, c'était le retour de
la République bourgeoise. C'était un coup prémédi-
té ? » La réponse de Claude est brutale et sans
appel : « Je ne savais même pas qu'il était invité au
journal de France 3. Je ne pense pas que Balladur
ait pensé un seul instant que cela puisse être prémé-
dité. Pour ma part, j'ai trouvé cela déplacé et imma-
ture. » Edouard Balladur n'en demandait sans
doute pas tant. En lisant l'interview qui politiquement le rassure, il demande en tout cas à ses conseillers : « Dites-moi, le couple va-t-il si mal que cela ? »

Claude Chirac, elle, ne dit plus un mot de son
mari. On ne les voit plus guère ensemble. Le petit
milieu politique sait déjà qu'elle a quitté le domicile
conjugal pour revenir vivre la plupart du temps à
l'Hôtel de Ville de Paris. Déboussolé, Philippe
Habert confie en privé : « Si elle croit que je vais
être Monsieur Gendre, non merci ! » On murmure
déjà que le mariage est un échec, mais les Chirac
paraissent se consacrer uniquement à la campagne
des législatives qui doit mettre en place le premier
étage de la fusée présidentielle.

Faut-il pourtant que la famille soit poursuivie par
le drame dès qu'elle sort de la configuration pas-

sionnelle dans laquelle l'a placée l'ambition du chef de la tribu ? Le lundi 5 avril 1993, Philippe Habert est retrouvé mort à son domicile. Le décès remonte à vingt-quatre heures. Le corps ne porte aucune trace de violence ou de blessure apparente. Pourtant, la rumeur sur la mésentente du couple est si insistante, que le suicide est immédiatement évoqué par la police. Pire, une dépêche de l'AFP annonce que le gendre de Jacques Chirac s'est tiré une balle dans la tête. Ce que la police démentira ensuite : le corps d'Habert est intact, aucune arme ou balle n'a été retrouvée. D'après la famille, qui a dépêché immédiatement ses collaborateurs sur place, Habert n'a pas laissé de lettre. L'autopsie ne révélera aucun problème cardiaque ou respiratoire. Les amis d'Habert expliquent seulement que celui-ci, déprimé, insomniaque et gros bosseur, mélangeait parfois un peu trop les cachets pour dormir puis ceux pour se maintenir éveillé.

Claude se retrouve veuve huit mois après son mariage. Le jour des obsèques de Philippe Habert, le 8 avril 1993, Edouard Balladur monte à la tribune de l'Assemblée nationale pour prononcer son discours de politique générale. Désormais, les Chirac vont doublement se replier sur eux-mêmes.

On ne peut comprendre la force de l'alliance entre le père et la fille si l'on n'intègre pas ce contexte terrible. Claude est veuve et Chirac commence à réaliser qu'« Edouard », qu'il a lui-même poussé à Matignon, va devenir l'un de ses plus dangereux rivaux dans la course à l'Elysée. C'est comme si l'amour et la confiance avaient été déçus et les avaient rejetés l'un vers l'autre : père et fille vont désormais resserrer encore leurs liens. Et il n'y a plus personne entre eux : ni mari ni conseiller politique privilégié.

Nicolas Sarkozy, qui s'éloigne alors à son tour du père et de la fille, croit le duo trop inhabituel pour ne pas être destructeur ou au moins stérile. Il ne dit rien à Claude de son détachement à l'égard de Chirac. Elle lui en voudra plus encore que Chirac lui-même. Mais Sarkozy ne tient plus beaucoup à parler d'elle. Et quand on évoque devant lui ce couple étrange qui domine à l'Élysée, il balaie la chose d'un revers de la main : « Il n'y a pas de mystère dans leur relation. C'est bien simple : elle n'aime que lui et il n'aime qu'elle. »

4.

Le goût des autres

Il a souvent des pansements autour des doigts. Deux ou trois petits bandages, à peine plus clairs que la chair, protègent ses phalanges. Et cela fait des années que cela dure. Depuis qu'il mène ses campagnes électorales en serrant des mains à tour de bras. Depuis qu'il veut se faire aimer des Français. Depuis qu'il y a mis tout son savoir-faire politique, son énergie et cet instinct du contact humain qui lui tient lieu de sincérité.

Il touche, il caresse, il embrasse. C'est presque plus fort que lui, ce rapport tactile à l'autre. Il aime tapoter les épaules, étreindre les vieux, les femmes, les enfants et terminer sa journée avec la sensation physique d'avoir donné son corps à l'avidité de ses éventuels électeurs.

Il faut l'avoir vu dans ces journées-là. Rien ne l'arrête. Ni les manifestants avec leur pancarte, ni le vieux socialiste qui cherche à fuir la main qui s'avance. On lui tend un enfant qui hurle de peur ? Il conquiert la maman désolée d'un : « Ah ! Voilà un râleur. Déjà un bon petit Français, hein ! » Il y mouille littéralement sa chemise. Combien de fois a-t-il dû changer de costume après ces séances de plongée physique au sein de la foule ?

Il ne faut pas voir seulement une pure nécessité électorale à ces séances très typiques de contact avec le peuple. C'est aussi son moment de jouissance personnelle, son instant de sincérité. Sa vérité profonde aussi : on ne donne pas la meilleure part de soi-même aux autres, si l'on n'aime pas vraiment cela. Et Chirac aime cela.

Lors du premier voyage d'Etat du président au Royaume-Uni, le prince Charles l'emmena ainsi, le 15 mai 1996, en Ecosse, visiter une banlieue défavorisée de Glasgow. Les deux hommes arrivèrent à l'arrière d'une jaguar bleu nuit, qui paraissait glisser au milieu des rues désolées. Le prince héritier de la couronne d'Angleterre et le chef de l'Etat élu des Français sortirent ensemble devant la foule massée derrière les barrières de sécurité. Elégantissime dans son costume rayé, le prince conversait tranquillement avec ses sujets. Jacques Chirac, lui, entreprit aussitôt de lancer joyeusement des « hello ! » aux badauds interloqués par la chaleur de ce diable de Français qui les embrassait si bien alors même que pas un d'entre eux ne serait un jour en position de lui donner sa voix.

Tous ses proches le savent : chaque fois qu'ils ont vu leur patron désœuvré, déprimé, doutant de son avenir ou de ses amis, ils n'ont jamais trouvé de meilleure solution que ces bains de foule pour redonner à Chirac un peu de cette estime de lui-même qu'il paraît parfois sur le point de perdre. Ce type-là n'a jamais trouvé mieux, pour parler de la France, que d'embrasser les Français.

Bernadette Chirac voudrait n'avoir jamais prononcé cette phrase qu'on lui ressert aujourd'hui dans toutes les biographies. Mais c'est pourtant elle qui résuma le plus crûment le désarroi chiraquien, lorsqu'elle lâcha, après la défaite de 1988, un « décidément, les Français n'aiment pas mon mari » qui valait toutes les analyses. Car on mesure mal le choc affectif que fut pour Chirac ce fait brutal : 46 % des électeurs ne croyaient pas encore assez en sa sincérité pour lui rendre en retour ce qu'il croyait leur avoir donné. Que fit-il donc, en 1995, lorsque la roue tourna ? Pendant des semaines, il roula dans sa voiture présidentielle toutes fenêtres ouvertes, saluant inlassablement les passants, « bonjour madame, bonjour, bonjour », jusqu'à ce que les services de sécurité fassent enfin refermer les vitres blindées.

« Il était si obsédé par la crainte d'être coupé de ceux qui l'avaient élu, raconte l'ancien ministre de l'Intérieur Jean-Louis Debré, que pour finir il a fallu biaiser. Quelques jours après sa victoire, il est allé dîner avec Claude, à La Créole, un restaurant du boulevard Montparnasse. Evidemment, le président a voulu se mettre près de la fenêtre, devant, juste sur la rue. On aurait pu lui tirer dessus comme un rien. J'ai dû envoyer une vingtaine de flics en civil faire les cent pas sur le trottoir, devant le restaurant. Quand il est ressorti, cela n'a pas raté. Il a serré la main de tous mes agents, certain qu'ils n'étaient que de simples passants. Et quelques jours plus tard, il m'a dit tout content : " Tu sais, je suis allé dîner à Montparnasse. Eh bien, les gens étaient très chaleureux, vraiment." J'ai dû lui avouer le subterfuge. Cela l'a cloué sur place : "Tu n'as pas fait ça !" Il avait tellement peur d'être atteint du syndrome du chapeau à plume... »

Bien sûr, cette frénésie du contact n'est pas toujours dénuée de calcul. Chirac a des tics, une sorte de mécanique dans ses rapports avec les hommes qui sidère parfois. On le suit dans un cocktail, dans une cérémonie de vœux, il répète le même compliment à cent personnes différentes en se moquant absolument que ses collaborateurs, ses proches, les élus qui se tiennent à ses côtés assistent à ces élans répétés d'une affection qui paraît pourtant si vraie. « Je le vois chaque année dire la même chose aux notables locaux, s'agace le premier secrétaire du parti socialiste François Hollande qui le côtoie depuis vingt ans en Corrèze. C'est une gentillesse de bloc. Mitterrand avait la capacité de séduire en étant curieux de vous. C'était une séduction personnalisée. Chirac, c'est une gentillesse de proximité. » Ce n'est pas si mal vu. Mais la poignée de main, le compliment sont si chaleureux, qu'il est rare que l'interlocuteur, même peu naïf, n'en ressorte pas durablement enchanté.

Aux subordonnés qui entrent dans son bureau et qui, sur son invitation à s'asseoir, avisent modestement une chaise, il lance immédiatement : « Mais prenez donc un fauteuil ! » Lorsqu'il est en déplacement, il relit dans sa voiture des dizaines de petites cartes où ses collaborateurs ont noté les noms des gens qu'il va rencontrer dotés chaque fois d'une caractéristique individuelle : « son épouse est à l'hôpital », « son beau-père est corrézien », « il attend la Légion d'honneur ». Il faut alors avoir vu Chirac demander le plus naturellement du monde des nouvelles de la malade ou promettre le colifichet tant désiré. L'écrivain Denis Tillinac, qui connaît par cœur son grand homme, assure : « C'est au fond un pessimiste sur la nature humaine. Il sait que les gens sont sensibles aux honneurs et à l'argent. Cela ne l'empêche pas de les aimer. Mais il connaît leurs failles. »

La légende chiraquienne et les succès politiques se sont pourtant largement établis sur cette comédie-là. Il suffit d'interroger les compagnons de route des campagnes électorales passées pour mesurer ce que cet extraordinaire sens du contact populaire peut avoir de bluffant.

En 1978, Chirac entreprit ainsi sa première grande tournée en France. Six mois à visiter toutes les circonscriptions électorales du pays. « Ce fut un moment incroyable », se souvient Eric Raoult qui, avec quelques jeunes militants du RPR, partait alors en éclaireur préparer l'arriver du barnum de son patron. « Chirac a rencontré pendant ces six mois des milliers de personnes. Il apprenait tout, dans la voiture qui l'emmenait, sur les gens qu'il allait rencontrer et paraissait ainsi parfaitement connaître la situation de chacun en débarquant sur place. Je n'ai jamais revu un tel professionnel. C'était, c'est toujours, une espèce d'ordinateur de cas individuels. »

La campagne parisienne de 1977 ? « Il faisait un marché parisien tous les matins, l'après-midi, un quartier entier, se souvient Lydie Gerbaud ; il a rencontré tous les commerçants, des milliers de Parisiens. Il a toujours adoré cela : c'est sa manière de s'extérioriser. » « Je le revois encore revenant d'une tournée auprès des commerçants, raconte à son tour le sénateur Roger Romani. Je lui demande : "Alors, cela a marché ? – Pas trop mal, sauf chez la marchande de chaussures. Mais ensuite... ça s'est arrangé." Il a alors relevé le bas de ses pantalons pour montrer ses chaussures neuves. Le bougre les lui avait achetées. »

Lors des municipales de 1983, il effectua quatre-vingt-douze déplacements. En 1986, un bon tiers des candidats aux législatives reçurent sa visite de soutien. En 1988, deuxième tournée dans toute la France. En 1993, trente-six départements visités en trois mois, vingt-cinq mille kilomètres avalés en voiture, en train, en avion. Des centaines de discours, de bières bues d'un trait, de baisers donnés à la volée, de *Marseillaises* chantées sur fond de fanfares de village. Toutes ces années de théâtre pour conquérir les Français...

L'Elysée a-t-il changé quelque chose à l'affaire ? « Pas le moins du monde, assure Jean-Pierre Raffarin. Pour certains hommes politiques, c'est un regret. Pour l'opinion publique, c'est un plus. » Lorsqu'il est en déplacement, il pose cent fois avec des passants qui se damneraient pour une photo à ses côtés. A Paris, il téléphone sans cesse. A tout le monde. A des patrons de PME, des élus, des vieux copains de virées, à de jolies femmes rencontrées au hasard d'un déplacement et dont il a fait retrouver les coordonnées. Il connaît tout le gotha politico-administratif. En trente-cinq ans, il a fait la carrière de milliers de gens. Il a toujours pensé, avec cette détestation de la technocratie qui frise la haine de soi – lui qui a fait l'ENA –, qu'il comprendrait mieux les Français en complétant les notes de ses conseillers par le produit des ces conversations individuelles.

Mais ces élans affectifs ont parfois leur revers. La volonté forcenée de Chirac de se faire aimer l'entraîne souvent à de petites lâchetés. C'est un homme qui n'aime pas blesser, qui ne veut pas briser des élans ou dire simplement quelques vérités. Il peut ainsi promettre à une demi-douzaine de personnes une circonscription, un ministère ou même Matignon. Pour faire plaisir, pour s'attacher temporairement des fidélités.

Lors de la constitution du premier gouvernement Juppé, en 1995, il avait donc casé bon nombre de ses amis. Raymond-Max Aubert, ami de Corrèze et de la mairie de Paris, fut ainsi placé à un improbable secrétariat d'Etat chargé du Développement rural. Le genre de poste que l'on biffe d'un trait de plume au premier remaniement ministériel. Cela ne manqua pas. Six mois plus tard, le 7 novembre, il fut remercié comme le furent huit femmes du gouvernement, celles que l'on avait désignées de l'humiliant surnom de « juppettes ». Aubert mit près d'un mois avant d'obtenir un rendez-vous du président. Celui-ci le reçut finalement, l'air ennuyé.

débrancher — disconnect

to lie

Le clan Chirac

Avant de tout mettre sur le dos... d'Alain Juppé :
« Ecoute, je n'étais pas là quand cela s'est décidé.
Et quand je l'ai appris, il était trop tard. Je ne pou-
vais plus rien y changer »... Les deux hommes
mirent plusieurs mois avant de se reparler.

Mais il est ainsi. Il préfère mentir plutôt que
d'avouer. De la même façon, on ne l'entend que
rarement contredire un interlocuteur. « Il n'aime
pas faire de peine aux autres, assure Bernard Pons.
Alors plutôt que d'exprimer son désaccord, il
débranche. C'est un signe immanquable : plutôt
que dire non, il n'écoute plus. » On ne le voit jamais
non plus renvoyer un conseiller. Un membre de son
cabinet ne fait plus l'affaire dans sa tâche ? Chirac
le double aussitôt d'un autre conseiller. Quitte à
laisser l'autre s'étioler sur place. « C'est un homme
qui ne hait pas. Il écarte seulement de sa vue », souligne Christine Albanel.

Mais il restera imbattable pour s'enquérir des
affaires de famille des uns et des autres. De son
bureau de l'Elysée, on l'a vu régler quantité de dossiers personnels, appeler lui-même le chancelier
Gerhard Schröder pour dénouer les conséquences
douloureuses d'un divorce entre un Français et une
Allemande, des journalistes blessés se sont vus rapa-
trier dans l'avion présidentiel. Un jour, en visite à
Nantes, on lui signala que le secrétaire RPR de la
circonscription se mourait d'un cancer. Il ne le
connaissait pas. Il fit pourtant un crochet par l'hôpital pour lui serrer la main. L'homme mourut un
mois plus tard, mais d'avoir vu Chirac, il eut le sentiment de faire une belle fin. « Quand nous voyons

un supérieur partager nos misères, c'est à peine si nos misères semblent nos ennemies », dit le roi Lear de Shakespeare.

Il s'est démené pour faire construire en Corrèze des centres pour handicapés. En 1977, lorsque des milliers de boat people fuirent le régime d'Hanoi, il se démultiplia pour régler le problème des réfugiés. Il adopta même une jeune fille, Ann Dhao, dont les parents étaient restés là-bas. Le dimanche, à l'Elysée, son bureau peut facilement se transformer en centre de bienfaisance. Lorsque la droite était encore au pouvoir, les ministres étaient bombardés de demandes présidentielles pour trouver un emploi à l'un, régler les démarches administratives d'un autre.

Avec ses proches, il se montre presque intrusif. « Quand j'ai été hospitalisé, il téléphonait tous les deux jours. "Passe-moi ton médecin" et ils discutaient ensemble de mon cas, sourit encore Jean-Louis Debré. Et le secret médical, alors ! Mais il est comme ça. C'est sa façon à lui de dire qu'il vous aime. » C'est aussi sa manière de dire à ses proches qu'en quelque sorte ils lui appartiennent. « C'est un enfant unique, ne l'oubliez pas, souligne encore Debré. Il détestera toujours que vous lui empruntiez un crayon. Il a des manies, il a besoin de rituels et de cadres. Quand on arrive, il répartit les places en fonction des regards qu'il veut avoir. Il aidera la terre entière, mais c'est lui qui décide. »

C'est aussi et surtout sa façon de masquer sa propre intimité. A-t-il seulement de vrais amis ? Jérôme Monod, Jacques Friedmann, François Pinault ? Tous le disent : Chirac est un homme que l'on devine. Ce n'est pas un homme qui se confie. Et cela fait si longtemps, que son univers personnel se confond avec son univers politique... Nicolas Sarkozy, qui croit le comprendre parce qu'au fond ils se ressemblent, explique : « On a toujours dit de Chirac qu'il était con, gentil et généreux. C'est tout le contraire. Il est intelligent, complexe et très intéressé. »

C'est ce savant mélange qui a fait son succès. C'est cette incroyable intuition de l'autre qui lui fait embrasser des sincérités successives. Il n'aime rien tant que dire ce que les autres veulent entendre. Mais on aurait tort de n'y voir qu'un simple manque de convictions. Il n'a jamais été si à l'aise dans son personnage que quand il a endossé son formidable slogan de la fracture sociale. Parce que, au fond, cette campagne tout entière fondée sur l'attention à l'autre répondait à un instinct profond. « C'est en cela qu'il est chrétien », assure le très catholique Xavier Emmanuelli. Chrétien ? A n'en pas douter, si Chirac a la foi, c'est celle du charbonnier et sa tradition familiale l'a toujours plus volontiers poussé dans le clan des radicaux, laïcards et sceptiques. Dans le couple Chirac, c'est Bernadette qui fréquente vraiment les églises. Mais son mari s'exerce effectivement à la bonté. Si l'on osait, on jurerait même que dans la fracture sociale, c'est le mot fracture qui l'a le plus attiré. Car, socialement, tout – ses origines bourgeoises, son mariage avec une héritière Chodron de Courcel, son mode de vie, sa fortune, son entourage, ses amis – le projetait à mille lieues des laissés-pour-compte dont il se voulait le héraut. Mais il y a bien chez lui une volonté de réparer et même... de communier. On ne passe pas trente-cinq ans à représenter les autres, à serrer des mains, à les écouter, sans les aimer. Et Chirac aime son prochain. La grande force de l'animal politique est d'avoir fait en sorte, plutôt que d'oublier son propre intérêt derrière cette vraie générosité, de les confondre, de les réconcilier.

5.

Train de vie

Depuis qu'il occupe les plus hautes sphères du pouvoir, depuis qu'il traverse ses vies successives de Premier ministre, de maire de Paris, de président de la République, Jacques Chirac est un assisté.

Sa vie matérielle se déroule dans une sorte de cocon. Un univers où les contingences de la vie quotidienne sont réglées par d'autres. Un endroit dont on ne sort jamais seul, à moins de déjouer l'habileté de deux services de sécurité successifs. Un monde où l'on confond le prix du pouvoir avec le coût de la vie. Cela paraît évidemment trivial de poser ces questions, mais depuis combien de temps Jacques Chirac n'a-t-il pas payé lui-même un plein d'essence ? A-t-il déjà fait les courses, une seule fois, ces trente dernières années ? Sait-il comment se présente une facture de téléphone ou d'électricité ? Utilise-t-il seulement un chéquier ?

Le dimanche, le président reçoit en jean et en sweat-shirt. Il est sans façon, parfois les pieds sur le bureau. Il téléphone lui-même à ses amis, sans passer par le secrétariat. Il réclame volontiers aux huissiers un Coca. Mais cette allure relâchée de grand type simple ne révèle pas une autre vérité : depuis plus de trois décennies, sa vie n'a plus grand-chose à voir avec la réalité quotidienne de ces Français qui l'ont porté au pouvoir.

Il faut imaginer ce qu'est ce monde où l'on n'entre chez un commerçant qu'en campagne électorale, où les frais sont toujours réglés par d'autres, où l'on ne sait pas vraiment ce que signifie le mot « dépenser » puisqu'il ne correspond pas au mot « gagner ». L'univers chiraquien est pourtant celui-là : l'élu proche des gens, le chantre de la fracture sociale, l'homme qui veut se faire réélire par « la France d'en bas », vit depuis bien longtemps dans un ailleurs matériel. Cela n'empêche évidemment pas la sincérité de son empathie avec le peuple, mais cela limite singulièrement la communauté des expériences.

De ce point de vue-là, donc, Chirac avait raison d'affirmer devant les Français, le 14 décembre 2000 : « Si vous interrogez les gens qui me connaissent en Corrèze ou à Paris, vous en trouverez qui disent sur moi des choses aimables, d'autres moins, mais vous n'en trouverez jamais qui disent que je suis un homme d'argent. » Il n'a sans doute, en effet, qu'une notion assez abstraite de l'argent, puisqu'il achète rarement lui-même. Depuis son élection à la mairie de Paris, en 1977, Jacques Chirac est logé, nourri, blanchi, servi. Et c'est un paradoxe assez frappant de voir cet homme, dont les goûts, la manière d'être ont conservé une vraie simplicité, vivre de fait comme un patron de haut niveau ou un très grand bourgeois.

Cela agace parfois ses proches de voir cet homme paraître se préoccuper du bien-être des autres tout en ignorant la réalité des contingences matérielles. L'ancienne ministre de la Santé d'Alain Juppé, Elisabeth Hubert, se souvient ainsi que quelques jours après son éviction du gouvernement, le 7 novembre 1995, le président la reçut, comme plusieurs des femmes ministres renvoyées, pour s'inquiéter de son avenir professionnel. C'est un tic très chiraquien que de masquer une gêne politique sous un déluge de considérations pratiques. Chirac commença donc à s'enquérir auprès d'elle de ses revenus, de ses indemnités de fonction, flanqué de son conseiller Maurice Ulrich, chargé de veiller concrètement aux cas les plus difficiles. Evoquant le chômage en politique, le président lança comme une consolation : « Tu sais, Elisabeth, moi aussi je me suis retrouvé plusieurs fois dans cette situation. » Mais cette fois, « Elisabeth » répondit crânement : « Alors ça, ça m'étonnerait ! Vous connaissant comme je vous connais, je suis certaine que vous n'avez jamais regardé un bulletin de salaire. Ni d'ailleurs, sans doute, un relevé bancaire. Je ne suis même pas certaine que vous ayez une Carte bleue et que vous sachiez vous en servir : vous payez toujours tout en liquide ! » Et le président, penaud, ne put qu'avouer : « C'est vrai, tu as raison. »

L'ex-ministre voyait particulièrement juste. Chirac, lorsqu'il met la main à la poche, n'en sort le plus souvent que des liasses de billets de cinq cents francs. « Il vaut mieux qu'il ne tire pas son portefeuille quelque part, confirme l'ancien ministre de l'Intérieur Jean-Louis Debré, parce qu'il n'a effectivement que de grosses coupures sur lui. Un jour, à la messe, dans l'église de Bormes-les-Mimosas, j'ai dû lui donner cinquante francs pour la quête. Il n'avait que des gros billets. » En voyage à New York pour un sommet de l'ONU, en octobre 2000, les reporters du *Washington Post* notèrent avec intérêt que Chirac s'était arrêté chez Brooks Brothers pour acheter à ses conseillers et officiers de sécurité pour quatre mille dollars de cadeaux, chemises et cravates.

Cette habitude de n'avoir que du liquide est une caractéristique d'une certaine génération d'hommes politiques. François Mitterrand, Charles Pasqua ont toujours payé de cette façon. « Une vieille épouse, un vieux chien et de l'argent liquide. Voilà trois amis fidèles », disait avec ironie Benjamin Franklin...

Cela entretient évidemment la suspicion sur la provenance de tous ces billets flambant neufs et une certaine légèreté à l'égard de l'argent. Une légèreté que même les premiers scandales liés au financement des partis politiques n'ont pas réussi à battre en brèche. Et il a vraiment fallu que les juges se rapprochent dangereusement de lui et des ses amis pour que Chirac modifie un peu son comportement. Au RPR, lorsqu'il fut secrétaire général, Jean-Louis Debré se souvient qu'il dut ainsi mettre le holà aux accès de générosité de son héros. « Il voulait que l'on donne à un type qui effectuait quelques missions politiques pour nous une Carte bleue sur un compte ouvert, raconte-t-il. J'ai dû refuser. On n'allait pas prendre ce risque-là, alors qu'il suffisait que l'on rembourse les frais du type sur factures... »

Tous ceux qui ont travaillé avec Chirac, du temps où il était maire, se souviennent ainsi qu'il possédait un coffre, dans le cabinet de toilette de son bureau de l'Hôtel de Ville, d'où il pouvait sortir une liasse de grosses coupures à la demande. « Avant, les choses n'étaient pas réglementées et nous avons fait des campagnes où l'argent coulait à flots », se souvient Eric Raoult.

Il est évident que Chirac a mené une grande partie de sa carrière dans une période où personne ne cachait la formidable manne dont bénéficiait le système politique, du fait de financements en grande partie occultes. A la mairie de Paris, au RPR, l'argent n'a donc pas manqué. « C'est bien simple, nous n'avons jamais eu l'impression matérielle d'être dans l'opposition », reconnaît Pierre Charron, qui fut pendant quatre ans conseiller en communication du maire Jacques Chirac. Les récompenses aux fidèles se mesuraient en cadeaux et avantages : en dix-huit ans, près de quatre mille appartements de la ville de Paris furent ainsi loués à prix d'ami, et les services du personnel de l'Hôtel de Ville ont géré un nombre impressionnant de contrats faits à des Corréziens, à des épouses, à des enfants d'affidés. Les associations de gaullistes furent grassement subventionnées par la mairie de Paris pendant des années, faisant taire ainsi tous ceux qui contestaient à Chirac l'héritage du Général. Mais les récompenses pour services rendus se mesurèrent aussi en liasses de billets distribuées selon une nomenclature imagée : une « enveloppe » pour les services rendus par un subalterne, un « coussin » pour une aide plus précieuse, un « matelas » pour les plus gourmands.

Le système était généreux pour beaucoup et les Chirac ont vécu ces années-là sur un grand pied. Plus, sans doute, qu'ils ne l'ont fait à l'Elysée, depuis que le président de la République est placé sous le regard constant et acéré de la presse et des juges. Le président partait donc dans des îles lointaines, logeait dans les plus grands hôtels, pouvait convier à ces escapades une amie, ou offrir des séjours à son épouse et à sa belle-mère. Les juges, qui ont enquêté sur quelques-uns de ces voyages, payés en espèces à l'agence Gondard par les secrétaires de Chirac à la mairie de Paris, ont surtout révélé pour l'heure un certain train de vie : un week-end à New York, du 15 au 18 juillet 1993 pour Jacques Chirac, sa fille Claude et son garde du corps, voyage en Concorde, limousine et hôtel : 119 339 francs. Chirac voyageait beaucoup. En Orient, en Asie, au Liban pour rencontrer son généreux ami, le milliardaire et premier ministre Rafic Hariri.

Quant au Japon... Jacques Chirac, qui a toujours affirmé sa grande admiration pour la culture japonaise, s'est rendu une quarantaine de fois au moins au pays du Soleil-Levant. Il y a presque ses habitudes. Depuis son arrivée à l'Elysée, le président est donc parti au Japon au moins une fois par an, à l'automne, pour la remise du prix impérial décerné par le groupe de presse Fuji-Sankei. Car Chirac est l'un des six « conseillers internationaux » du jury de ce prix qui distingue chaque année des artistes de renommée mondiale. Ce statut de membre du jury lui procure une indemnité confortable de 100 000 dollars par an (environ 700 000 francs) pour couvrir ses frais de séjour. Ces voyages ont toujours été suivis d'une escapade privée dans des hôtels de luxe, comme celui d'Asaba Ryokan, à Kyoto, une auberge du XVIIe siècle, classée par les Relais et Châteaux[1].

Les Chirac vivent donc comme de très grands bourgeois. Leur patrimoine ? Avec 8 millions déclarés officiellement, il les place parmi les 200 000 Français qui paient l'impôt sur la fortune, mais il ne rend pas exactement compte d'un train de vie. Jacques Chirac, qui ne remplit plus sa feuille d'impôts depuis bien longtemps (il a toujours laissé ce travail à un fiscaliste spécialisé), qui ne paie lui-même aucune facture, a pourtant su sauvegarder ses droits. Outre son indemnité de président (44 061 francs), il touche ainsi aujourd'hui sa retraite de député de l'Assemblée nationale à taux plein, puisqu'il a exercé plus de quatre mandats (35 000 francs), une relativement modeste retraite de maire de Paris (15 000 francs) à peine plus élevée que sa retraite de conseiller général de Corrèze (14 000 francs). Alors qu'il n'était resté qu'un an et demi à la Cour des comptes, à sa sortie de l'ENA, sans plus jamais ensuite y remettre les pieds, Chirac avait pris la précaution de continuer à payer ses cotisations de retraite. Il perçoit donc aujourd'hui

---

1. Lire à ce sujet les informations du correspondant du *Monde* au Japon, Philippe Pons, le 19 juillet 2001.

19 000 francs pour une fonction qu'il n'a de fait jamais exercée. Ce cumul des retraites et indemnités permet donc au président de disposer d'une cagnotte de 127 000 francs, alors même qu'il est logé, nourri, blanchi, servi. Selon leur déclaration de patrimoine, les Chirac possèdent également un appartement de 114 mètres carrés rue de Seine, dans le 6ᵉ arrondissement, qui est loué et rapporte donc un revenu supplémentaire ; un gros manoir de dix pièces à Bity, en Corrèze, avec sa maison de gardien et ses dépendances, sur un parc de 10,7 hectares que Chirac fit classer et pour la rénovation duquel il obtint ainsi en 1969 et 1970 des subventions. Depuis qu'il est président, un peloton de vingt-huit gendarmes veillent en permanence sur la demeure. Enfin, Chirac a hérité de la petite maison de ses parents, à Sainte-Féréole, où il passa ses vacances enfant et dont il fut le conseiller municipal. Et 3,5 millions de francs placés en Bourse.

Ce qui n'est pas officiel, c'est aussi que Claude Chirac est locataire d'une ravissante maison, rue du Bac, dans le 7ᵉ arrondissement. Un endroit exceptionnel à Paris : 190 mètres carrés sur 500 mètres carrés de jardin, au fond d'une voie privée agrémentée d'une série de jardins. *Le Canard enchaîné* révéla l'affaire quelques mois avant la présidentielle : le montant de la location, de 11 000 francs seulement par mois, était assuré par une société d'économie mixte de la ville de Paris. La plainte déposée par un contribuable pour prise illégale d'intérêt a été classée sans suite.

Chirac vit donc comme un de ces grands industriels qu'il fréquente, mais sa force reste de paraître populaire. Il mène grand train, mais il entretient sa légende d'amateur de bière et de tête de veau. « Il y a eu, c'est vrai, dans sa vie, le désir absolu de pénétrer l'establishment. Puis, le désir de refuser absolument cet estasblishment », assure d'ailleurs, comme beaucoup de ses collaborateurs, Christine Albanel. « Présentez-lui deux personnalités. La plus abrutie des deux, à ses yeux, sera toujours celle qui porte un nom à particule », renchérit Françoise de Panafieu. Et il est vrai que Chirac préfère frayer avec un François Pinault, dont la fortune est tout entière celle d'un entrepreneur, plutôt qu'avec les innombrables héritiers des grandes familles de droite françaises. Le patronat ne s'y est d'ailleurs jamais vraiment trompé : Chirac pouvait bien être le leader de leur camp politique, il n'a jamais été vraiment le premier candidat de leur choix : pas assez libéral, trop soucieux des dirigeants de petites et moyennes entreprises, trop radical-socialiste, au fond. Sans doute ne s'identifie-t-il pas vraiment à cette classe sociale à laquelle appartient pourtant sa femme. Sa belle-mère, une Chodron de Courcel, ne lui a-t-elle pas répété à satiété, comme une boutade qui n'en était sans doute pas totalement une : « N'oubliez pas la chance que vous avez eu d'entrer dans notre famille. » Lui-même pourrait presque faire sienne cette ironique vacherie de Bernard Shaw : « Ceux que nous appelions des brutes eurent leur revanche lorsque Darwin nous prouva qu'ils étaient nos cousins... »

« Chirac n'est pas un bourgeois, poursuit l'écrivain Denis Tillinac, mais il a choisi le pouvoir, il a fait un mariage bourgeois et est devenu un leader de droite. Au fond, il n'a pas osé rompre avec un destin tout tracé. » Cela n'est pas tout à fait faux. Mais la grande habileté politique reste d'avoir pu jouer sur les deux tableaux : le train de vie d'un homme qui dispose d'une fortune très confortable et la fibre populaire d'un élu qui aspire à représenter tous les Français.

Au moment de sa lutte acharnée contre son ancien allié Edouard Balladur, il n'hésita donc pas à renvoyer son rival à la catégorie sociale qu'il paraissait si bien incarner. « Que voulez-vous, soupirait-il avec une mine navrée devant les journalistes, Edouard aime surtout dîner avec ses duchesses... » Qui aurait alors osé lui rappeler que sa propre femme passait ses soirées chez les Rothschild et paraissait aux concerts avec ses amies Hélène David-Weill ou Laure de Beauvau-Craon ?

Deuxième partie

Une dévorante ambition

6.

« Vous serez surpris par ma démagogie »

On ne va jamais aussi loin que lorsqu'on ne sait pas où on va. Et sur ces chemins-là, Chirac n'a pas d'autre boussole que sa propre ambition. En trente-cinq ans de carrière politique, il n'a pas seulement étreint des électeurs, il a aussi embrassé toutes les opinions, tous les programmes. Ses supporters appellent cela sa « formidable disponibilité intellectuelle ». La formule a longtemps fait sourire Chirac lui-même. Il sait bien que l'on moque son manque de conviction. Il s'en contrefiche. Pendant la campagne de 1995, devant quelques collaborateurs qui s'inquiétaient qu'il puisse s'aliéner une partie de son électorat en prenant des positions trop déroutantes, Chirac rigolait : « Allons, ne craignez rien. Vous serez surpris par ma démagogie. »

Depuis, il navigue le nez au vent. Il n'a jamais eu de certitudes. Il ne s'est jamais accroché à une idée. Il hésite, il balance, il flotte le plus souvent. Il peut soutenir une thèse et, presque dans le même temps, son antithèse. Il n'a pas, comme il dit, « la science infuse » et sa volonté première est d'abord d'occuper tous les terrains.

Son statut de chef d'Etat n'a rien changé à l'affaire. Il a au contraire décuplé son goût pour le balancement. Il est le président de tous les Français, de droite, de gauche et d'ailleurs. Et puisqu'il veut contenter tout le monde, il dit donc à chacun ce qu'il veut entendre : il est rare de ne pas trouver son compte dans une intervention chiraquienne. Le 18 octobre 2001 à Rodez, il prononce un discours, devant l'Association des présidents de conseils généraux, à la gloire des départements. Mais à Jean-Pierre Raffarin, président de la région Poitou-Charentes, qui s'inquiète, il assure aussitôt : « Ne t'en fais pas ! Je ferai bientôt un discours tout aussi enthousiaste pour les régions. »

Nicolas Sarkozy dit souvent de lui : « Chirac n'est pas du genre à reculer devant l'argument le plus massif en même temps que le plus indigeste. » Ce n'est pas exactement cela. Un discours du président est généralement un petit chef-d'œuvre d'équilibre, genre motion de fin de congrès du parti radical. Il donne son soutien aux éleveurs de porcs et son adhésion aux protecteurs de l'environnement qui s'inquiètent de la pollution du lisier. Il fustige la pression fiscale insupportable qui pèse sur les ménages et réclame une augmentation des aides sociales, une amélioration des transports et des services. En quinze ans, il a été tour à tour libéral, social, fédéraliste, libre-échangiste, travailliste et reaganien, contre la monnaie unique puis militant exemplaire de l'Europe, contre le quinquennat puis pour la réduction du mandat présidentiel. Mais si on lui rappelle ses déclarations passées, il hausse

72

simplement les épaules au nom du sain principe qu'il n'y a que les imbéciles qui ne changent pas d'avis.

Il fut un temps où ses constants changements de pied le firent passer pour un velléitaire, un inconstant, un butineur. La France avait encore des réflexes de guerre civile et lui passait d'une idée à l'autre. Au fond, il fut de ce point de vue-là en avance sur son temps. Maintenant que les camps sont bardés de passerelles, maintenant qu'un tiers des électeurs décide de son vote au dernier moment, il tombe à pic dans l'esprit du temps. C'est Balladur qui théorisa la cohabitation, mais c'est Chirac qui était fait pour elle.

Ses proches l'ont entendu souvent affirmer haut et fort qu'« un programme ne sert à rien d'autre qu'à se faire élire ». Le libéral Guy Sorman, qui se pique de l'avoir un temps conseillé, a une jolie formule pour excuser cette indécrottable girouette : « Il change parce qu'il retient tout, trop et de tous. » Et tant pis s'il se contredit à quelques années, à quelques mois, à quelques minutes d'intervalle même : Chirac affiche son absence de convictions avec ce que Françoise Sagan appelait « cette effrayante santé morale que donne l'ambition ».

Plusieurs de ses amis n'ont jamais avalé cette extraordinaire légèreté intellectuelle et politique. Jérôme Monod, Alain Juppé ont eu plusieurs fois des crampes d'estomac en entendant Chirac raconter à la télévision l'exact contraire de ce qu'ils avaient préparé avec lui les jours précédents. Denis Baudouin, qui avait été son porte-parole pendant la

73

première cohabitation, disait souvent, d'un air désolé, « ce garçon a un kaléidoscope dans la tête ».

Depuis qu'il est président, cette façon d'embrasser les contraires est devenue son style. Une sorte de signature du chiraquisme. Sa façon d'incarner l'équilibre. Il avait la réputation de faire de la politique à l'emporte-pièce, le voilà qui nuance à l'excès. On citerait à l'infini ses phrases balancées : « Il n'y a pas de politique de sécurité sans sa dimension répressive, à égale distance de tout excès et de toute complaisance » (discours à Dreux, 25 janvier 2001). « Il y a en France encore trop de laxisme dans l'application des lois environnementales. Des défaillances criantes ne sont pas sanctionnées comme elles le devraient. Elles doivent l'être davantage, tout en veillant, bien entendu, à ne pas traiter les consommateurs, les automobilistes, les agriculteurs, les entreprises comme des délinquants en puissance, alors que chacun a vocation à être un partenaire de l'action publique au service de l'intérêt général » (discours à Orléans, 3 mai 2001). « Notre fiscalité doit faire toute sa place à l'écologie. Il ne s'agit pas de créer plus d'impôts. Bien au contraire, nous devons les réduire. Mais nous pouvons et nous devons davantage intégrer l'écologie, et en particulier les atteintes portées à l'environnement, dans la conception même de notre fiscalité » (*ibid.*). « Nous avons besoin d'un Etat qui facilite le développement économique, tout en maîtrisant ses dépenses pour pouvoir baisser les charges qui pèsent sur l'activité et sur l'emploi, et en améliorant encore le niveau des prestations de ses services

publics » (discours de vœux devant les corps consti-
tués, 5 janvier 2000).

Un discours de Chirac ? Une série de déclarations
qui pourraient se résumer ainsi : « Je suis pour ce
qu'il y a de mieux. » Allez contester un président
qui se déclare contre « une trop grande pression
fiscale » et pour une « politique sociale ambitieuse », qui juge que « la taxation de l'essence est une
nécessité » mais que « l'Etat ne doit pas profiter de
cette taxation », qui considère que « les Corses doivent pouvoir affirmer leur identité et construire leur
propre destin » et se présente comme « le garant de
l'unité de la République ».

« La preuve du pudding, c'est qu'on le mange »,
disent les Anglais. La preuve des convictions de Chirac, c'est qu'on l'applaudit.

« On lui reproche de dire tout et son contraire,
mais il incarne ainsi l'équilibre des convictions politiques et sociales des Français : il est national et
européen, gaulliste et radical, ouvert sur le monde
et attaché à la France profonde. Sur le moment, ça
choque, mais dans le long terme, c'est la France. »
Qui parle ainsi ? Un des plus fidèles lieutenants de
Chirac, Jacques Toubon[1]. La réflexion n'est pas
éloignée de celle de Chirac lui-même. Car le président est convaincu que la France est constituée de
communautés aux intérêts contradictoires et qu'il
convient, pour la représenter avec justesse, de naviguer de l'une à l'autre. Depuis qu'il est président,

---

1. Dans une interview publiée par *L'Express*, le 13 septembre 2001.

sa boussole est d'ailleurs très scientifique. Elle se règle en fonction d'une batterie de sondages, de la lecture de la presse, d'études qualitatives, de tout ce qui peut permettre au chef de l'Etat d'incarner l'air du temps. Les Français s'inquiètent pour l'environnement ? Chirac devient le premier écologiste de France, lui qui fut l'incarnation du bétonnage pompidolien et du tout-voiture à la mairie de Paris. Les journaux féminins glorifient la réduction du temps de travail ? Il se félicite de ce nouvel acquis qu'est le temps libre. Les patrons partent au combat contre les trente-cinq heures ? Il n'en finit pas de fustiger l'obligation qui leur est faite d'instaurer dans leurs entreprises la réduction du temps de travail. Les Français souffrent du jacobinisme ? Le voilà décentralisateur. Ils plébiscitent Jean-Pierre Chevènement ? Le voilà qui exalte l'Etat et la Nation. Le secrétaire général de l'Elysée, Dominique de Villepin, appelle cela la « créativité en politique ».

Le succès formidable que fut sa campagne de 1995 n'est pas pour rien dans la certitude qu'a Chirac que les grands écarts sont les plus payants. Qui d'autre que lui était, jusqu'ici, parvenu à se faire élire avec un si extraordinaire montage programmatique ? « Il a alors réussi à synthétiser trois influences qui pouvaient l'envoyer dans le décor : celle de Philippe Séguin, celle d'Alain Juppé et celle d'Alain Madelin. Vous mettez ça dans un cocktail, normalement, c'est imbuvable. Et là, le mélange s'est révélé fameux », assure Denis Tillinac. Alain Juppé, l'européen convaincu, gardien du Temple des engagements de Maastricht et d'une gestion orthodoxe, côtoyait alors Philippe Séguin, inquiet de la cohésion du pays et recommandant l'audace sociale et la participation des salariés aux fruits de la croissance. Lequel Séguin discutait avec le libéral Alain Madelin, partisan de la réduction des impôts et de la baisse de charges des entreprises pour relancer la machine. Quant aux contestataires et aux critiques, ils se virent renvoyer – grâce à cette formidable trouvaille dialectique qu'est la « pensée unique » – dans le clan des conformistes. Le député européen Jean-Louis Bourlanges, auteur d'un remarquable ouvrage, *Droite année zéro*, analysait alors très sévèrement ce travers chiraquien : « Chez Jacques Chirac, le verbe réformer est résolument intransitif. Il ne s'agit point de réformer l'école, l'armée, les finances publiques, la protection sociale ou la justice. Il s'agit de réformer, un point c'est tout. Les réformes, c'est comme les cadeaux. Ce qui compte, ce n'est pas ce qu'on offre, c'est l'intention. Le chiraquisme serait-il donc au réformisme ce que le priapisme est à l'amour : une tension excessive de l'être, à la fois permanente et sans objet[1] ? »

Evidemment, le tournant économique du 26 octobre 1995 est venu briser toutes les illusions de ceux qui avaient cru à la réalité de ses promesses. Ses proches ne s'embarrassent d'ailleurs pas pour justifier cette trahison de son électorat. Alain Juppé explique aujourd'hui : « Je n'ai jamais cru au discours sur la fracture sociale. » Et même le

---

1. *L'Express*, le 16 février 1995.

conseiller en images du président, Jacques Pilhan, aujourd'hui décédé, affirmait alors les choses crûment : « Le 26 octobre ? Ce n'est déjà plus vraiment un tournant puisque la politique énoncée est déjà mise en pratique depuis le mois de juin. Dès juin, un mois après son élection, Chirac avait été convaincu qu'on ne pourrait pas continuer comme cela. » Seul le président de la République lui-même continue de vouloir sauvegarder les apparences : « Je tiendrai mes engagements, promet-il encore. Tous. Ils ne sont que différés. » Différés... A-t-on vu un autre homme que lui affirmer ce genre de chose sans sourciller ?

Il y a chez lui ce mélange de cynisme qui lui fait faire les plus insensées promesses et de sincérité qui lui permet de croire, sur le moment, qu'il sera en mesure de les respecter. « La vérité, assure Nicolas Sarkozy, c'est que Chirac déteste les problèmes. Il a besoin de solutions. Il aime son confort avant toute chose, dût-il se construire sur un tissu de contradictions. »

La vérité est aussi que tout son parcours politique l'a poussé à concilier les contraires et à changer d'avis. Chirac est d'une famille de tradition radicale et laïque, son grand-père était franc-maçon, mais c'est le gaullisme qu'il choisit pour clan politique. Il devient secrétaire général de l'UDR à la hussarde, un samedi, alors que le vendredi, il n'en avait même pas la carte. Il opte pour la Corrèze comme terre d'élection alors que la circonscription était communiste. On n'est pas élu pendant trente ans par des électeurs de gauche, alors qu'on est le chef du RPR, sans avoir largement adapté son discours et distribué beaucoup de cadeaux. Par la suite, il s'est sans cesse adapté à l'air du temps. Celui qui lui a mis le pied à l'étrier, en Corrèze, est d'ailleurs le pape du radicalisme, l'ancien président du Conseil de la IVᵉ République, Henri Queuille, le « bon père Queuille ». Les parrainages en politique ne sont jamais innocents...

Chirac a fondé le RPR le 5 décembre 1976, en proposant d'allier « la défense des valeurs essentielles du gaullisme aux aspirations d'un véritable travaillisme à la française ». Dix ans plus tard, alors que Margaret Thatcher régnait sur la Grande-Bretagne et Ronald Reagan sur les Etats-Unis, il mena campagne sur une plate-forme libérale pure et dure. Lors de leur cohabitation tumultueuse, Franz-Olivier Giesbert assure qu'il arrivait d'ailleurs à François Mitterrand d'ironiser devant Chirac sur ses incessants changements de pied : « Voyez-vous, Monsieur le Premier ministre, je me sens plus proche du Chirac de 1975 que de celui de 1986... » Le Chirac d'aujourd'hui ne hait rien tant que les libéraux, parce qu'il est convaincu que les Français sont terrifiés par leurs thèses. « Tu n'es pas devenu libéral, au moins », lance-t-il à ceux qui prennent la défense du patronat. « Ce type-là est un caméléon », jugea un jour Daniel Cohn-Bendit, soufflé d'avoir vu Chirac lui tenir un discours « plus écologiste et gauchiste, tu meurs ».

« Ce qui est frappant, note avec une fausse naïveté Philippe Douste-Blazy, c'est de voir que Chirac a longtemps eu l'image d'un homme versatile, changeant, léger, alors que le RPR est perçu comme un parti monolithique, ordonné, voire même un peu rigide. Or qui a fait le RPR ? » La remarque est éclairante. Chirac changeait au gré des débats du moment, mais il a toujours eu une vision utilitariste de la politique qui consistait à amener son parti et lui-même vers un but unique : gagner. Que servit-il à Charles Pasqua quand l'autre voulut voter contre le traité de Maastricht ? « Le non fera 35 %, tu ne peux pas voter non, Charles ! » Que lui avaient dit ses amis Jérôme Monod et Jacques Friedmann, pour l'amener justement à dire oui à la monnaie unique européenne ? « Tu ne peux pas t'abstenir, parce qu'un chef de parti ne s'abstient pas. Si tu votes contre, tu es mort. Si tu votes pour, tu n'auras peut-être pas grand monde derrière toi, mais au moins, tu auras un pied dans l'avenir que les autres n'auront pas. » Chirac vota pour Maastricht et l'on ne dira jamais assez combien ce choix contribua à emmener vers l'Europe un mouvement gaulliste qui voulait la combattre.

L'avantage de la souplesse intellectuelle de Chirac est qu'il s'adapte toujours à ce que veulent les Français. Le danger est qu'il a tendance à se conformer un peu trop à ce qu'attendent ses interlocuteurs. Il n'est donc pas rare qu'après une intervention télévisée au pied levé du président, l'Elysée appelle dans les rédactions des journaux pour rectifier le tir. Trois jours après les attentats du 11 septembre à New York et Washington, Chirac est ainsi interviewé sur CNN par un journaliste américain. Il s'y montre très net : « La France, je vous le répète, sera totalement solidaire. Naturellement, il convient d'examiner la situation, il faut chercher les coupables (...) et quand il s'agira ensuite de sanctionner cette folie meurtrière, oui, la France sera aux côtés des Etats-Unis. » Les agences interprètent aussitôt ses propos – qui laissent notamment les Etats-Unis « déterminer d'où vient l'attaque [et], à partir de là, prendre les dispositions qui s'imposent pour éradiquer le mal » – comme une participation sans conditions à des représailles. Mais dans les minutes qui suivent, le secrétaire général de l'Elysée, Dominique de Villepin, téléphone aux directeurs de journaux : « Bien sûr, il faut comprendre que la France se réserve le droit de déterminer les modalités et la nature de sa contribution. Pour l'heure, il n'est pas question de participer à une riposte militaire collective. » Le président ne sait-il donc pas ce qu'il dit ?

Mais on aurait tort de penser qu'il ne retient pas les leçons du passé pour s'en forger parfois une morale des plus solides. Depuis 1992, il est donc européen et n'a de cesse de réaffirmer sa foi en la construction européenne. Depuis 1995, il s'affirme aussi décentralisateur, lui qui fut l'un des chantres les plus fervents du jacobinisme. Et ses discours répétés en faveur du principe d'expérimentation et d'une plus grande autonomie laissée aux régions ne sont pas pour rien dans le ralliement de la droite aux thèses que défendaient jusqu'ici les seuls centristes.

Depuis la fin des années 80 et l'échec des tentatives d'alliance entre la droite et le Front national enfin, il est aussi un adversaire acharné de l'extrême droite. Sur le fond, il n'a jamais montré le moindre signe de racisme ou d'antisémitisme. Mais à partir de 1990, il traite carrément les responsables du parti de Jean-Marie Le Pen de « bandes de pétainistes-nazillons-OAS ». En 1992, lors d'une allocution prononcée à Mâcon, il a rompu définitivement avec la stratégie autrefois prônée par celui qui était alors son ami, Charles Pasqua : « Il y a des différences de valeurs entre le FN et nous, qui ne permettent pas d'avoir de passerelles. » Depuis, il n'a jamais fait preuve de la moindre indulgence à l'égard des thèses racistes. Moins de trois mois après son élection, en 1995, il a profité du cinquante-troisième anniversaire de la rafle du Vel' d'Hiv, le 16 juillet, pour rompre avec l'Histoire officielle forgée en partie par de Gaulle. En deux phrases : « Oui, la folie criminelle de l'occupant a été secondée par des Français, par l'Etat français. Certes, il y a une faute collective », Chirac affirmait que de Gaulle avait menti en forgeant la légende d'un pays tout entier résistant et rompait avec ses successeurs, Pompidou, Giscard et Mitterrand.

Parfois, lorsque ses amis doutent de l'épaisseur de son bilan de président, ils rappellent ces trois points-là – l'Europe, la décentralisation, la confrontation avec l'extrême droite – comme les trois éléments qui auront fait de Chirac le chef d'une droite modernisée et morale. Mais comment oublier que trente-cinq années d'incessants changements de pied en ont aussi laissé beaucoup sur le bas-côté ?

7.

Un président n'a pas d'amis

Un président a des alliés, des obligés, des conseillers, des relais. Il peut s'appuyer sur les uns ou sur les autres, au gré des circonstances et des périodes. Mais il n'a pas d'amis véritables : la politique n'est pas un métier qui porte à l'élévation des sentiments.

Chirac aurait dû le savoir mieux que personne, lui qui avait si crûment trahi les hommes de son propre camp. C'est lui qui plombe définitivement la candidature de Jacques Chaban-Delmas en 1974, menant le ralliement de quarante-trois personnalités gaullistes à Valéry Giscard d'Estaing. C'est encore lui qui précipite la défaite du même Giscard d'Estaing, sept ans plus tard, en organisant la défection du mouvement gaulliste. D'où vient qu'il se soit à son tour laissé surprendre ?

Chirac a longtemps eu le sentiment que rien ni personne ne lui résisterait. Il faut toujours écouter ce que dit un homme lorsqu'il est dans la difficulté. Au plus noir de la dépression qui suivit sa défaite de 1988, au plus profond du trou vertigineux où l'avaient plongé les sondages en 1994, Chirac disait

83

encore et encore la même chose : « Je ne peux pas faire autrement que d'être candidat », « Je gagnerai », et « Dans ma tête, je suis déjà le 8 mai 1995 », au lendemain de sa victoire. Devenu président, il a gardé la certitude que sa seule volonté conduirait son destin.

Oh, bien sûr, il n'a jamais oublié de distribuer toutes ces décorations et prébendes qui vous fabriquent des supporters. Depuis toujours, Chirac a placé ici et là des hommes qui pourraient le servir. En 1986, lors du retour de la droite au pouvoir, il ne s'était pas privé d'installer aux postes clés de l'industrie et de la finance des hommes dévoués à sa cause. Michel François-Poncet, le parrain de sa fille cadette, Claude, s'est ainsi retrouvé à la tête de Paribas, François Heilbronner, un de ses anciens conseillers à Matignon en 1974, au GAN, son ancien camarade de Sciences-Po et de l'ENA, Jacques Friedmann, à Air France, Pierre Dauzier à la tête d'Havas, Pierre Suard à la CGE, Jean-Maxime Lévêque au Crédit lyonnais. Après 1995, il a encore placé un petit paquet d'amis politiques à la Chancellerie, au Conseil d'Etat, au Conseil constitutionnel, dans des missions diplomatiques et sans doute aurait-il été plus loin si le désastre de la dissolution ne lui avait ôté une grande partie de ses pouvoirs.

Mais quelque chose, en dix ans, a changé sa certitude : il a été trahi. Trahi par celui qu'il n'attendait aucunement dans ce rôle. Trahi par celui qu'il croyait non seulement fidèle, mais qu'il jugeait incapable de le supplanter. Et ce fut bien pire encore, puisque celui-là emmena avec lui une bonne partie de ceux que l'on croyait chiraquiens.

Pour comprendre ce qu'est la solitude du pouvoir dans laquelle se trouve aujourd'hui le président, son goût du secret et ce petit cercle restreint qui gravite autour de lui, il faut faire une place importante à l'épisode de la candidature d'Edouard Balladur. Mais il est éclairant de la considérer sous un nouvel angle. Car ce ne fut pas seulement Balladur qui décida un jour de se présenter contre Chirac. C'est aussi, en quelque sorte, Chirac qui suscita sa trahison.

Il y a évidemment quelque chose de choquant à présenter cette aventure sous cet aspect, comme si Chirac devait en assumer seul la culpabilité. Mais tous ceux qui observèrent alors les coulisses de l'histoire en furent frappés : jamais désertion ne fut plus rapide et plus complète que celle des anciens supporters du président du RPR.

Pourquoi un homme comme lui fut-il si rapidement lâché ? Arrêtons-nous un moment sur cette période noire de son histoire, que Patrick Devedjian résume en une formule : « Lorsque la droite eut enfin une alternative à Chirac, elle se jeta dans les bras de Balladur. » Si Chirac refuse d'aller à Matignon en 1993, c'est d'abord parce qu'il considère que le poste ne servira pas ses intérêts. L'économie est en récession, le chômage est au plus haut. « C'est vrai, je ne voulais pas gérer une France dégradée[1] », dira-t-il par la suite. C'est aussi, bien sûr, parce qu'il croit qu'Edouard ne peut que lui être fidèle et que, de toutes les façons, il n'aura pas

_____

1. *In* Nicolas Domenach et Maurice Szafran, *Le Roman d'un président*, Plon, 2000.

les capacités et la popularité nécessaires pour rafler lui-même la mise. « A dix heures, il tombe de sommeil, il a des migraines et il ne renoncera jamais à son petit confort douillet », assure alors Chirac. C'est enfin parce qu'il a décidé de laisser reposer sa victoire de chef de campagne aux législatives de 1993 et d'envoyer un autre que lui à Matignon. La cohabitation de 1986 l'a humilié, son échec de 1988 l'a défait. « Un homme ne chausse pas deux fois un soulier qui lui a fait mal », a compris Nicolas Sarkozy. Balladur, dont il affirme alors sans cesse qu'il est l'un des meilleurs, sera Premier ministre à sa place. Pendant que lui « prendra de la hauteur ».

Qu'importe que tous le mettent en garde. « Vous connaissez l'effet que produit inévitablement Matignon, lui a dit son vieux rival Valéry Giscard d'Estaing. C'est le Premier ministre qui sera en position d'être candidat à l'Elysée. » Alain Juppé a choisi la comparaison qui frappe : « Si vous n'allez pas à Matignon après la victoire que vous venez de remporter aux législatives, ce sera comme si, après avoir gagné le grand chelem à Paris, vous laissiez l'Hôtel de Ville à Tiberi pour n'être que maire honoraire. » Des conseillers sont venus lui rapporter que Balladur « parle avec mépris de vous ». Mais Chirac balaye toutes les objections d'un revers de main : « Vous ne connaissez pas Edouard. Il y a un accord entre nous. » Bref, comme le dit alors Charles Pasqua, « Chirac a décidé de jouer à la roulette belge. Celle où l'on place six balles dans le barillet[1] ».

---

1. *In* Raphaëlle Bacqué et Denis Saverot, *Chirac président, les coulisses d'une victoire*, Ed. du Rocher-DBW, 1995.

Un président n'a pas d'amis

« C'est de la confiance que naît la trahison », assure le proverbe arabe. Et Chirac a confiance. L'épisode est inédit : il a tellement confiance qu'il a assuré lui-même à Edouard avant de l'envoyer à Matignon : « Bien entendu, ce sont les sondages qui diront, quelques mois avant la présidentielle, qui est le mieux placé pour être candidat. » Bien sûr, il ne croit pas une seconde que les fameux sondages pourraient un jour coter au plus haut la popularité de son ancien conseiller. Bien sûr, Edouard Balladur considère déjà que cette promesse pourra un jour le dédouaner. « La politique est un métier de tricheurs », soupire parfois Jérôme Monod.

Quoi qu'il en soit, l'extraordinaire fuite des cerveaux de l'Hôtel de Ville et d'une bonne partie des élus de droite dans le camp balladurien n'est pas seulement due aux effets de l'étonnante popularité du Premier ministre de 1993. Elle s'explique également par la frustration que suscite alors Chirac chez ceux qui travaillent pour lui.

Car faire partie de ses équipes suppose une bonne dose d'abnégation. L'homme est du genre à travailler sans cesse. A s'angoisser, même, au moindre moment de désœuvrement. « Il n'est heureux que lorsque le sommeil le gagne, note Jérôme Peyrat qui fut conseiller en communication à l'Elysée, jusque-là, il faut l'occuper. » Il ingurgite avec voracité des dizaines et des dizaines de rapports par jour, qu'il annote avec des stylos de couleur. Il bûche avec appétit. Au restaurant, il fait d'ailleurs la même chose. Il regarde autour de lui, jauge surtout le volume des mets dans l'assiette des voisins et

87

Bousculer /bouskyle/ — to bump into
to rush

commande d'abord en fonction de ce qu'il voit. Le samedi, il reçoit des visiteurs politiques. Le dimanche, il reçoit encore ses conseillers pour faire le point puis organiser d'interminables séances de relecture de discours. Le déserte-t-on pour cela ?

Lorsque Balladur arrive à Matignon, chacun en tout cas se précipite dans ses bras. Les parlementaires se bousculent dans ses salons, les têtes de la cellule présidentielle censées aider Chirac à gagner l'Elysée sont parties. Que lui trouvent-ils donc que n'aurait pas le patron du RPR ? « Chirac est un sensuel, Balladur un intellectuel », affirme tout de go Patrick Devedjian qui, pour avoir été l'avocat du premier, n'en est pas moins devenu l'un des porte-parole du second. Le nouvel engouement des jeunes députés, des conseillers, des technocrates pour le Premier ministre vient de là : ils peuvent bien tutoyer Chirac, ce qu'ils aiment avant tout, c'est pouvoir respecter Balladur.

Ecoutez tous ceux qui évoquent leurs rencontres avec Chirac. L'importance étonnante des non-dits, l'humeur volontiers à la blague, les anecdotes lâchées sur le ton de la rigolade. Fait-il face à un grand professeur, à un philosophe, à un intellectuel ? Il écoute, questionne un peu, écoute encore. Cet homme est une éponge qui absorbe tout et restitue ce qu'il a retenu dans ses discours parfois mais surtout dans des formules, des attitudes de campagne, bref, dans l'instinct qu'il a de la conquête. C'est ce qui agace tant un Sarkozy lorsque, en 1993, il lâche peu à peu celui dont il dirigeait la cellule présidentielle depuis l'Hôtel de Ville pour rejoindre

blaguer — to joke

le ministère du Budget où l'a nommé Balladur. Car Chirac donne le sentiment d'être votre égal, par la familiarité qu'il instaure dans tous les rapports, mais laisse indéfiniment scotchés aux mêmes postes tous ceux qui le servent. Or, il voit toujours en Sarkozy un petit jeune homme, ami de sa fille Claude, astucieux et merveilleux organisateur de ses campagnes. Quant à le nommer lui-même ministre, jamais il n'y aurait songé. « C'est un homme sans mesquinerie et très chaleureux, explique Christine Albanel qui écrivit pendant plus de dix ans ses discours, et en même temps, la conversation est très difficile. Il affecte de ne pas parler de choses profondes. Ou plutôt, il met les gens dans des cases et vous reçoit pour parler uniquement dans le cadre de la case dans laquelle il vous a mis. »

Et Chirac est si certain de son bel agencement de conseillers qu'avant même de laisser Édouard s'embarquer pour Matignon, il lui adresse la plupart de ses fidèles. Tous les chiraquiens du premier cercle sont mis à sa disposition. Nicolas (Sarkozy), bien sûr, que Chirac envoie comme on accepte de partager sa plus jolie poupée. Mais aussi Pierre Charron, son intelligent conseiller de presse. Et Michel Roussin, son directeur de cabinet, homme des services secrets, connaisseur de tous les réseaux, qui sait tout de l'Hôtel de Ville et des campagnes électorales passées de son patron. L'habileté de Balladur est de comprendre l'intérêt qu'il y a à promouvoir ces hommes qui, dans leurs domaines, savent tant de choses, sont prêts à faire beaucoup, mais veulent aussi en retirer les signes extérieurs de la reconnaissance et du pouvoir.

89

Une dévorante ambition

L'irrésistible séduction d'Edouard Balladur tient d'abord à une formidable gestion des hommes, de leurs aspirations, de leurs vanités. Jacques Chirac, lui, paraît l'avoir oublié. Oh, certes, il promet toujours tout à tout le monde. Quel mammouth du RPR ou de l'UDF ne s'est pas entendu dire : « C'est un type comme toi qu'il faudra à ce poste, à ce ministère, à cette responsabilité. » Mais on ne doit pas négliger ce que cette désinvolture provoque chez ceux qui le servent. Car ceux que l'on appellera, après leur défaite, les « traîtres » de 1993, sont aussi des hommes qui s'exaspèrent de l'égoïsme de leur patron, qui ne croient plus en ses méthodes de formidable embobineur.

Que l'on s'entende bien : tous ceux-là l'ont bien lâché. Ils lui ont tourné le dos, ils ont renoncé à croire en lui pour obtenir enfin la reconnaissance dont Balladur paraissait moins avare. Mais ils ne se sentent aujourd'hui aucunement coupables parce qu'ils avaient depuis longtemps le sentiment d'être coincés. C'est de cette désertion, de ce conflit irréconciliable que va naître un nouveau clan – dont la famille est le centre mais qui intègre amis et affidés – dont la fidélité et les faiblesses ont alimenté ensuite toute l'histoire du septennat. De cette époque date la certitude chiraquienne que le pouvoir n'a pas d'amis.

Il lui est pourtant resté un petit cercle. Un petit groupe d'hommes et de femmes qui nourrissent sans doute une affection sincère pour leur patron. Ceux-ci ne croient pas forcément en l'existence d'un autre Chirac, moins dévoré par son ambition présidentielle, plus sincère, moins démagogue. « Ceux qui entourent Chirac sont toujours très lucides sur le personnage », assure Jean-Louis Debré. Mais ils excusent ses mensonges, ils admirent son culot, ils s'agacent qu'on le juge sot et cynique et jurent qu'ils le connaissent généreux et profond. Ils lui doivent aussi leurs carrières et sans doute n'auraient-elles pas été aussi éclatantes si la désertion des balladuriens n'avait pas créé un tel vide autour de Jacques Chirac. Evidemment, tous ceux sur qui sa séduction n'a plus beaucoup d'effet s'apitoient, comme le fait Alain Madelin : « Le noyau dur des fidèles de Chirac ? Cela manque un peu de cerveaux, non ? » Mais ils sont là et sans doute n'auraient-ils jamais eu cette importance s'il n'y avait eu cette déchirure de la droite en 1995.

Le président n'a donc pas d'amis et a fait avec ce qui lui restait. Presque tous ceux qui l'avaient soutenu dans sa très grande solitude furent remerciés. Quant aux balladuriens, Chirac avait prévenu, au moment de la formation du premier gouvernement Juppé, en 1995 : « On ne casera aucun de ces traîtres. » Lorsqu'on a été abandonné aussi sévèrement, on place ensuite aux postes clés des hommes dont on est sûr, au moins, de la fidélité. Qu'importe qu'ils ne soient pas les plus brillants ou les plus inventifs. Qu'importe qu'il ait fallu placer un Charles Millon ou un Hervé de Charette aux prestigieux ministères de la Défense ou des Affaires étrangères, parce qu'ils avaient eu le bon goût de choisir le candidat Chirac. Les débuts du septennat furent ceux d'un homme replié sur ses fidèles et ils doivent avant tout être considérés sous cet angle-là.

« Je suis son petit frère, avait expliqué Jacques Toubon. D'ailleurs, Balladur l'avait bien compris. En 94, il m'a dit tout de go : "Bon, ce n'est pas la peine que je vous demande qui vous choisissez." » Chirac l'a donc placé à la Justice. « Il sauterait par la fenêtre si je le lui demandais », avait toujours dit Chirac. Il lui demanda bien plus encore : de renoncer à la mairie de Paris et de tenir en respect les juges qui constitueraient des dossiers trop sensibles. Pour un Toubon qui rêvait d'être maire de la capitale et professait, seul dans le désert RPR, l'indépendance du parquet, cela supposait une bonne dose d'abnégation. Mais Toubon fut l'un des ministres de la Justice les plus visiblement interventionnistes.

Pour l'Intérieur, Chirac choisit Jean-Louis Debré. « L'Eglise catholique s'est effondrée le jour où les prêtres se sont mis à douter », avait dit ce dernier en voyant les balladuriens s'en aller. De 1993 à 1995, il avait tenu le RPR, servant de tête de Turc aux brillants esprits dépêchés par Edouard. Chirac élu, il tint donc la police. Avant de revenir, après la dissolution, à la tête du groupe RPR à l'Assemblée nationale. Le fils de Michel Debré n'a pas pour autant perdu sa lucidité : « Je connais tous les défauts de Chirac mais il me fascine, dit-il aujourd'hui. Il n'a pas besoin de parler pour que je le comprenne. Il aime l'action, il me fait rire. Je l'aime aussi parce qu'il a fait ce que je suis devenu. Je lui dois d'avoir été député, patron du RPR, ministre de l'Intérieur. C'est suffisant, non ? »

Pour Chirac, il suffit en tout cas de ne pas l'avoir trahi. Et voilà pourquoi, lorsqu'il a nommé Alain

Juppé à Matignon en 1995, il l'a poussé à constituer un gouvernement obèse. Le président distribue les portefeuilles comme des récompenses. Qu'importe si son Premier ministre Alain Juppé juge Debré « une andouille », Toubon « bordélique », Madelin « un illuminé », Françoise de Panafieu « une peste ». Tant pis s'il regimbe « absolument » à donner un ministère à Bernard Pons, rechigne à caser la bonne amie réunionnaise de Chirac, Margie Sudre, et un paquet de jeunes gens ou de femmes qui n'ont jamais eu d'expérience ministérielle. Chirac veut récompenser ceux qui ne lui ont pas manqué. Il se fiche que ce gouvernement de quarante-deux ministres soit une armée mexicaine. De la trahison, il a retiré deux idées : que ceux qui l'ont soutenu ont été si rares qu'il faut bien les récompenser. Que l'on peut conquérir le pouvoir presque seul et le tenir avec une toute petite équipe de fidèles qui compenseront la faiblesse des autres. Et pour cela, il n'a pas quinze, dix, cinq amis. Il a deux cerveaux qui, pense-t-il, devraient lui suffire. Ce sera une grave erreur.

8.

Le pouvoir partagé

Depuis toujours, il cherche. Une machine à idées, à stratégie, à programme. Que ce soit en 1974 ou en 1995. En 1988 ou en 2002. Un esprit carré et subtil auquel il fournirait son énergie. Une tête dont il serait les jambes. Un cerveau pour tout dire. Valéry Giscard d'Estaing n'avait confiance qu'en sa propre mécanique intellectuelle. François Mitterrand croyait en la séduction de sa pensée. Chirac, lui, a toujours douté de cet aspect-là de sa personnalité. Il peut être sûr de son instinct, de son charme, de son habileté, de son énergie, il dévalue systématiquement son intelligence. Et c'est un travers que l'on rencontre si peu dans l'univers narcissique et vaniteux de la politique qu'il mérite d'être souligné.

Chirac raconté par Chirac possède au mieux une intelligence moyenne. A l'ENA ? « Je n'étais pas génial... » Face à François Mitterrand ? « J'étais moins rusé que lui. » Au RPR dans les années 80 ? « Pour les idées, voyons Edouard. » Devant Alain Juppé ? « Il est le meilleur d'entre nous. » A-t-on déjà vu un homme de pouvoir avoir si peu d'estime

94

intellectuelle pour lui-même ? A-t-on déjà vu un dirigeant jouer si facilement les sots, un écuyer laisser
croire si souvent qu'il n'est que le cheval, un chef
d'Etat opter si volontiers pour la blague ?

Depuis quarante ans qu'il fait de la politique, Chirac donne pourtant cette image de lui-même. Celle
d'un homme volontiers impressionné par l'intelligence de l'autre et qui dénie facilement en être
doté. Premier ministre face à Valéry Giscard d'Estaing, écrasé par la rapidité de cobra de l'autre, il
ne se sentait tout simplement pas « au niveau ». Giscard l'emmenait au concert et Chirac, recru de
fatigue après une folle journée à Matignon, s'endor-
mait. Giscard parlait d'Europe, de crise économique, de modernisation de la société et Chirac
courait partout, mêlant la gestion de la France à
celle de la Corrèze.

Par la suite, Chirac fonctionna volontiers en tandem parce qu'il doutait de lui-même. Au fond, cette
conception partageuse du pouvoir n'aurait pas dû
lui nuire. Quoi de plus moderne qu'une équipe,
quoi de plus insupportable qu'un monarque ? Mais
on ne choisit pas impunément, pendant si longtemps, des conseillers chargés de penser pour vous
sans éveiller leur mépris. Et l'on ne multiplie pas
les conseillers qui vous méprisent sans introduire le
doute sur votre propre légitimité.

Chirac a longtemps paru s'en moquer, pourtant.
A ses yeux, seule l'efficacité compte et il considérait
faire bon usage de ces lieutenants qui lui permet-
taient de mettre le pied à l'étrier et de bâtir son
dispositif présidentiel. Que les électeurs puissent

ensuite se dire qu'après tout, il était possible de préférer l'original à la copie, qu'Edouard Balladur imagine qu'au fond il puisse porter lui-même les concepts qu'avant il offrait à son « ami » étaient des risques que Chirac ne voulait pas voir. Il est ainsi : la réalité met des bâtons dans les roues de son ambition ? Il refuse de regarder la réalité en face. Ses conseillers lui sont dévoués. La trahison n'existe pas. Personne d'autre que lui ne l'emportera.

On aurait tort de jeter aux oubliettes de l'histoire les premiers acteurs du système, Pierre Juillet et Marie-France Garaud. Car c'est de la relation qu'ils entretinrent avec leur poulain que naquit d'abord l'idée de sa faiblesse intellectuelle.

Juillet et Garaud tendirent à l'extérieur le miroir le moins flatteur qu'on puisse imaginer. Celui d'un pion parfaitement manipulé. C'était il y a vingt-cinq ans, autant dire une éternité. Mais bien des événements ultérieurs, bien des remarques, bien des doutes exprimés sur la personnalité de Chirac ont trouvé leur source dans ce passé-là. Chirac se moqua longtemps de ce qu'on pouvait dire de sa relation avec ses deux conseillers. Il voyait dans le tandem un marchepied pour le pouvoir et cela seul comptait. Il avait tort. Il n'aurait jamais dû supporter ce qu'ils disaient de lui. Car Juillet et Garaud ne furent pas tendres pour leur candidat. Chirac jouait les chiens fous, Pierre Juillet l'écrasa de sa hauteur. Il parla de lui comme d'un pantin, il le commanda, l'anima, le dirigea et Chirac ne renâcla pas. Bien au contraire. Il était rassuré. Il joua à plein son rôle de candidat sous tutelle. Parlant peu, écoutant religieu-

96

sement. Il allait chaque soir chercher, autour d'un whisky, sa feuille de route auprès de ses mentors. Envoyait ses lieutenants se ressourcer auprès d'eux. Laissant s'installer l'idée que c'était eux qui décidaient de tout et qu'il leur obéissait.

La relation particulière qu'il entretint avec Marie-France Garaud n'arrangea pas les choses. Remarquablement intelligente, elle l'avait vampé. Mais cela le desservit encore. « Ce qui fascinait Jacques Chirac chez Marie-France, c'est aussi tout ce qu'il n'avait pas, écrit Franz-Olivier Giesbert dans sa biographie de Chirac, des idées arrêtées, d'ardentes convictions, une sorte de corps de doctrine. » Seulement Marie-France fut toujours plus cinglante avec lui. « Vous n'avez pas été un mauvais Premier ministre, lâchait-elle en 1976, vous n'avez pas été Premier ministre du tout. » Quand elle débarquait dans son bureau, elle s'asseyait dans son fauteuil et c'est lui qui prenait la place du visiteur. Evidemment, ce genre de chose finit par se savoir. Qu'une muse traite ainsi celui qu'elle a séduit n'est jamais très flatteur pour un homme. Qu'une conseillère se place d'emblée au-dessus de son patron fait inévitablement dégringoler ce dernier de plusieurs échelons.

Il fallut pourtant que ses mentors le poussent à la faute en lui faisant lancer cet incroyable appel de Cochin contre l'Europe, le 6 décembre 1978, pour que Chirac tranche. Il fallut qu'on lui rapporte encore et encore dans quel mépris ses maîtres à penser le tenaient pour qu'il s'en détache. Il fallut que Bernadette Chirac instruise méthodiquement

97

leur procès auprès des trois plus proches amis de Chirac, Jacques Friedmann, Jérôme Monod et Michel François-Poncet, puis mette publiquement les points sur les *i*, en racontant dans *Elle* comment la traitait sa rivale, pour qu'il les congédie. « L'affaire lui a servi de leçon, assure aujourd'hui Jacques Friedmann. Après sa rupture avec Juillet et Garaud, Chirac ne supporta plus jamais les mentors. »

C'est à voir. Certes, Chirac ne s'est plus jamais replacé dans ce rôle de marionnette manipulée qui lui avait tant nui. Mais il est reparti à la recherche d'un partenaire. Le duo qu'il a formé avec Balladur reproduisit en quelque sorte la division des tâches : Edouard pensait. Jacques agissait.

En vérité, leur alliance n'a jamais été tout à fait celle-là. Mais tout, dans le comportement de Chirac, a accrédité cette thèse. Pire, l'arrivée même de Balladur dans le cercle correspond à l'éviction du tandem Juillet-Garaud. Or, Balladur professe les thèses exactement opposées à celles du couple infernal. Notamment sur l'Europe. Chirac lance donc son appel de Cochin et se jette dans les bras... de celui qui ne peut que le désapprouver. Si cet incroyable tête-à-queue est possible, c'est bien parce que Chirac accorde moins d'importance aux idées qu'aux hommes susceptibles de lui en fournir.

Balladur apparaît donc peu à peu comme le nouveau cerveau du patron. « C'est un travers qu'il a toujours eu, soupire Bernard Pons. Il confie peu ses idées. Je crois même, parfois, qu'il préfère passer pour quelqu'un qui ne pense pas plutôt que de lancer ce que pourraient être ses options. » Leur association fut sans doute beaucoup plus égalitaire qu'il n'y paraissait. Mais les deux hommes se montraient si dissemblables qu'on ne pouvait s'empêcher de sans cesse les comparer. Or, à ce jeu-là, Chirac n'était pas gagnant sur tous les tableaux. Bien sûr, il était plus sympathique, plus séduisant, plus drôle, plus roublard que ce Balladur tout plein de mignardises. Mais comme il renvoyait sans cesse à Edouard dès lors qu'il s'agissait d'élaborer la stratégie, de considérer les institutions, d'analyser la situation économique, comme il ne parlait que d'Edouard, comme il passait des heures avec Edouard, chacun finissait par considérer qu'Edouard était le plus intelligent. Balladur, évidemment, ne démentait pas. Voyez comme il parlait alors de Chirac à Giesbert : « L'image de ce garçon souffre du tranchant de son expression, d'une certaine pauvreté de vocabulaire, de ses stéréotypes de langage. Mais il est très intelligent. Même s'il n'a pas l'air brillant, il assimile très vite les dossiers. Sur le plan politique, il est très finaud. Je sais bien qu'il a la réputation d'être toujours de l'avis du dernier qui a parlé. Mais c'est quelqu'un qui sait compartimenter sa vie. Pour les choses importantes, il prend tous les risques. Pour les autres, il peut changer d'opinion, il considère que ça n'a pas d'importance. Son problème, c'est de vouloir aussi décider trop vite. Il ne se retient pas. Il se laisse emporter par le maelström. » Allez, avec cela, passer pour un cérébral, profond et posé...

Mais, à l'époque, Chirac aussi accrédite cette thèse. Que dit-il de Balladur ? Qu'il est « le meilleur

99

d'entre nous ». Que fait-il, surtout, pour lui prouver sa gratitude ? Il le propulse au sommet de l'Etat. A ses côtés. Puis à sa place. En 1986, Chirac est bien le patron de Matignon, mais il offre aussitôt à Balladur un poste si vaste de ministre d'Etat, ministre de l'Economie, des Finances et des Privatisations qu'il est difficile de ne pas voir en lui un vice-Premier ministre. En 1993, il l'envoie carrément lui chauffer la place à Matignon.

Ce n'est donc pas pour rien qu'un jour l'autre a pu imaginer qu'il était finalement le meilleur. Depuis si longtemps, Chirac renvoyait à Edouard, comptait sur Edouard, admirait Edouard... Comment n'aurait-il pas pensé, puisqu'il fournissait depuis si longtemps son corps de doctrine au chef du RPR, qu'il pourrait finalement aussi bien que lui l'incarner ?

Jamais deux sans trois ? Chirac venait à peine d'être trahi par Balladur qu'il s'est aussitôt trouvé un autre partenaire en la personne d'Alain Juppé. Certes, il a évité les erreurs précédentes. Il a pris, cette fois, un homme qui appartient à une génération différente, afin d'éviter les tentations de la concurrence. Mais que dit-il de Juppé, dès 1994 ? La même chose que ce qu'il disait de Balladur avant : « Il est le meilleur d'entre nous » !

Il ne fait alors de doute pour personne que lorsqu'il dit « le meilleur », il pense « intellectuellement le meilleur ». Car Chirac est impressionné par l'esprit structuré, l'ordre mental de Juppé. La nouveauté, c'est sans doute que la trahison de Balladur puis son échec l'ont renforcé dans la certitude que la politique est aussi faite d'autre chose que d'intelligence. Mais, tout de même, il est impressionné par cet énarque cassant – et compétent – et entreprend de tout lui donner.

En 1994, raconte ainsi Bernard Pons, « je suis allé voir Chirac pour lui dire : "Au sein du gouvernement Balladur, nous avons deux ministres à nous seulement, Toubon et Romani. Mais Juppé est toujours silencieux. Il faut faire quelque chose." Chirac m'a alors assuré : "Je dîne avec lui ce soir. Je vais lui parler." Le lendemain, il revient vers moi : "Voilà, Alain va faire un communiqué de soutien." Je lui ai aussitôt demandé : "Combien cela t'a couté ? Cher ? Matignon ?" Il a balayé cela d'un revers de main, furieux. Ce que je ne savais pas, c'est qu'il lui avait non seulement promis Matignon, mais aussi la présidence du RPR ». Voilà tout Chirac : propulsant à nouveau vers les sommets son partenaire.

Bien entendu, il faudrait ajouter à ce tandem-là une dimension plus affective. Chirac était vampé par Garaud, admiratif devant Balladur, cette fois, il se comporte pour la première fois comme un père. « Chirac a reconnu en Juppé le fils qu'il aurait aimé avoir, assure Françoise de Panafieu. Lorsqu'on est père, il arrive parfois que l'on veuille offrir à son fils un objet qu'il conservera avec lui et qui lui rappellera sans cesse les relations qu'il a avec vous. Eh bien, Chirac lui avait offert ce genre de cadeau : une montre. Une très jolie montre, choisie avec soin. » Juppé, Premier ministre, souffrait de son impopularité ? Chirac président entreprit de le consoler, de le soutenir, de le protéger. « Il me téléphonait dix fois par jour pour me raconter des blagues, me faire rire, me dire : "Alain, il faut manger", "Alain, reposez-vous", "Alain, tenez", sourit aujourd'hui l'intéressé. Puis, il téléphonait à ma mère pour lui faire les mêmes recommandations : "Il faut qu'il grossisse !" » Voilà tout Chirac. Quand Marion, la fille aînée d'Alain Juppé, avait, comme Laurence Chirac, présenté des symptômes d'anorexie, Chirac s'en était mêlé. Invitant la jeune fille à déjeuner. Depuis, il bichonne Juppé, comme un pur-sang qui, avant de pouvoir éventuellement lui succéder, au moins pourra l'aider.

Dans son autobiographie restée inédite, *Les Mille Sources*, écrite quelque vingt ans auparavant, Chirac affirmait déjà : « L'une des difficultés à exercer un commandement, c'est la répugnance naturelle que l'on éprouve à déléguer. Pour certains, déléguer est synonyme de délaisser. J'ai la chance d'être porté, a priori, à faire confiance, et mon raisonnement me conduit plutôt à négliger les détails pour me consacrer à l'essentiel. On le remarque très vite : si on a pris soin de bien s'entourer, le collaborateur responsable prend quatre-vingt-dix-neuf fois sur cent la décision que vous auriez souhaitée, voire, de temps à autre, une décision meilleure. » Sur ce plan-là, au moins, Chirac est d'une constance à toute épreuve. Bien sûr, institutionnellement, c'est bien son Premier ministre qui, en 1995, est concrètement en charge des dossiers. Mais Chirac a construit avec lui un partenariat exécutif jamais vu sous la Vᵉ République. Mieux, il leur construit un super-cabinet commun. En nommant au poste de

secrétaire général de l'Elysée Dominique de Villepin, qui fut auparavant le directeur de cabinet de
Juppé au Quai d'Orsay, Chirac dit à son Premier
ministre : « Comme ça, vous aurez votre homme à
la présidence. »

Et Chirac se met à nouveau en danger. Cette fois,
ce n'est pas un rival qui risque de se lever contre lui.
C'est son partenaire qui risque de le faire plonger.
Chirac a en effet placé au sein de l'Elysée un clan
de juppéistes, menés par Villepin, qui considère que
la force du pouvoir présidentiel est d'abord dans le
duo qu'il compose avec son Premier ministre. Face
à lui, certains dans son entourage, parmi lesquels
on trouve Claude et le conseiller en communication
Jacques Pilhan, plaident pour une conception plus
classique de l'exécutif qui fait du Premier ministre
un fusible. Mais Chirac, en suivant jusqu'au bout le
secrétaire général de l'Elysée, empêche tout simplement l'évocation de son principal problème : l'impopularité de son Premier ministre.

Le président n'est pas, cette fois, la victime de
« mauvais conseillers » qui le méprisent. Il n'est pas
trahi par un inspirateur finalement convaincu de sa
supériorité. Mais les juppéistes ont pris le pouvoir
par Chirac interposé. Et le président provoque tout
simplement la dissolution pour éviter de remplacer
Alain Juppé. Après l'apocalypse politique de 1997,
Chirac a donc poursuivi, d'une certaine façon, sur
sa lancée.

9.

Villepin

Pourquoi Jacques Chirac tient-il tant à garder
auprès de lui Dominique de Villepin ? Pourquoi
a-t-il résisté à tous ceux qui venaient lui dire :
« Jacques, avec lui ce n'est plus possible. Il faut qu'il
parte » ? Pourquoi ferme-t-il les yeux sur les incartades et les erreurs, pourquoi ne renvoie-t-il pas un
homme que presque aucun de ses amis politiques
n'accepte de voir ? Parce que Villepin le rassure.

Villepin inquiète, domine, tue au besoin ceux qui
se mettent en travers de son chemin, mais il rassure
Chirac. Car Villepin est précieux. Il l'est devenu
lorsque les anciens conseillers, de Balladur à Sarkozy, avaient laissé la place vide. Lorsqu'il a fallu
aider Alain Juppé à tenir dans l'adversité. Il l'est
resté même après l'échec de la dissolution. Oh, bien
sûr, l'épisode a un peu terni son image. A l'extérieur de l'Elysée, la chasse au Villepin était devenue
l'un des sports préférés des caciques du RPR. Mais
la cohabitation, le harcèlement des juges, les crises
internationales lui ont redonné son rang. Celui
d'un combattant de choc, amateur de formules cin-

104

glantes et grand fournisseur de ces multiples solutions qui l'ont rendu indispensable.

Car, parmi tous ces technocrates policés qui gravitent à l'Elysée, Villepin détonne. On ne dira jamais
assez combien les hommes de pouvoir aiment avoir
auprès d'eux quelqu'un qui les change de ces hauts
fonctionnaires formatés qui hantent les palais nationaux. Mitterrand avait ses écrivains, ses penseurs,
Erik Orsenna, Jacques Attali. Chirac a son bretteur,
énarque certes, diplomate oui, mais dans un genre
chevaleresque qui le distrait de la grisaille des
crânes d'œuf. Le secrétaire général est le genre
d'homme à jouir dans les tempêtes. Chaque jour, il
remue donc le vent, fait gronder les éclairs et
affecte de tenir ferme le gouvernail. Le président a
le sentiment d'avoir avec lui la cotte de mailles qui
protège des coups les plus durs.

Dominique de Villepin est beau, d'une beauté
élégante sur laquelle il veille en ajustant sa mèche
devant le miroir qui fait face à son bureau. Au secrétariat général de l'Elysée, il croit détenir beaucoup
de pouvoir. Il vous le fait savoir en faisant allusion
à des dossiers qu'il détient, à des informations
secrètes qu'il est le seul à connaître. Il est le roi du
name droping, ces noms que l'on lâche au détour
d'une conversation pour signifier qu'on dispose
d'un réseau. Il soigne les directeurs de journaux,
lit avec attention les rapports des Renseignements
généraux, reçoit les patrons des services secrets. En
fait, dans bien des circonstances, ses adversaires ont
noté qu'il n'était pas beaucoup mieux informé
qu'un autre. Mais on reste bluffé par l'excès dans le

langage et les gestes. Christine Albanel, qui ne l'aime pas, glisse seulement : « Il aime entretenir auprès de Chirac un bruit continu de subversion. » Balladur était la voix de la raison. Villepin est un spectacle.

La famille appartient à la grande bourgeoisie française. Villepin est le neveu de Micheline Chaban-Delmas. Le père, Xavier Galouzeau de Villepin, industriel qui fut longtemps représentant de Pont-à-Mousson à l'étranger avant de devenir sénateur, a fait tout ce qui était en son pouvoir pour l'amener jusque-là. Très tôt levé, Villepin père faisait sa gymnastique, puis écrivait des résumés de livres pour ses enfants qui préparaient l'ENA. Résultat : Dominique, son frère et sa sœur sont passés par l'Ecole nationale d'administration[1]. Quelle famille française peut se vanter d'avoir une telle proportion de hauts fonctionnaires ainsi estampillés en son sein !

Dominique de Villepin a choisi la diplomatie. En 1977, cependant, il s'est inscrit au RPR. Il avait vingt-quatre ans. ENA, Quai d'Orsay, mouvement gaulliste : c'est le genre de CV qui vous dote habituellement d'une solide langue de bois. Mais même s'il le voulait, il n'y arriverait pas. Il peut bien rêver d'ambassades et faire son jogging au Racing, c'est plus fort que lui : cet homme-là a un vocabulaire vigoureux. Bien sûr, il affirme adorer Saint-John Perse ou René Char et se pique lui-même d'avoir

---

1. Villepin était notamment dans la même promotion que quelques hérauts du socialisme : François Hollande, Ségolène Royal, Frédérique Bredin et Michel Sapin.

publié quelques recueils de poèmes. Mais il n'est jamais plus formidable que dans l'insulte. Pour lui, la classe politique se divise en deux listes inégales : « les connards » (la liste assurément la plus longue) et « les autres » (deux ou trois noms au mieux). Le reste est à l'avenant.

C'est peu dire que Chirac est séduit. Villepin lui donne l'illusion d'échapper à la technocratie et aux conformismes. Il a le verbe haut, cinglant dans la formule, il ne recule devant rien. Il peut mentir sans sourciller, menacer, puis se faire charmant. Lors des grandes grèves de 1995, il téléphona un jour à tous les patrons de chaînes de télévision en hurlant : « Je vous somme de donner, entreprise par entreprise, le vrai nombre des grévistes ! » Les rédactions s'exé-cutèrent et il s'enorgueillit, aujourd'hui encore, d'avoir vu, aux journaux de vingt heures, les chaînes « montrer leurs petits tableaux de pourcentages prouvant que les grévistes étaient minoritaires ».

C'est un gros bosseur surtout. Et comme souvent, aux yeux de Chirac, la quantité fait la qualité. Il aime l'énergie et la voracité de son secrétaire géné-ral. « Quand je lis une page, il en a dévoré quatre, confia-t-il un jour au *Monde*. Il pige à une vitesse fantastique. Il est très rare de rencontrer un homme qui, comme lui, soit à la fois un poète et un très bon capitaine d'escadron de commando. Oui, un excellent commando [1]. »

---

1. Dans le portrait croisé de Dominique de Villepin et d'Olivier Schrameck réalisé par Philippe Labro, *Le Monde* du 19 septembre 2000.

Au fond, si l'on y regarde de près, Villepin prend peu de positions incorrectes. C'est un homme de droite grand teint, lyrique dans ses discours mais classiquement conservateur sur le fond. Il navigue, comme la plupart des responsables de la droite, entre un discours vaguement libéral et une conception tout ce qu'il y a de plus étatiste de la société française. Il pousserait même volontiers le président plus franchement vers sa droite. Il croit connaître la France sans quitter l'Elysée. Denis Tillinac, qui lui non plus ne l'aime pas beaucoup, fait mine de regretter : « C'est un homme très brillant et plein d'avenir. Le problème, c'est qu'il ne fréquente que les ambassades et les palais nationaux. C'est le genre d'homme qui vous parle du peuple mais n'a jamais mis les pieds en seconde classe. » Mais sur la forme, quelle santé ! Qu'a dit Villepin, lorsqu'il a vu que les balladuriens chutaient dans les sondages ? « On les a baisés avec du gravier ! » Qu'en langage fleuri ces choses-là sont dites...

Villepin a donc pris une place laissée vide. Oh, bien sûr, il gravite dans les cercles chiraquiens depuis le début des années 80. Chirac est venu dîner chez lui, lorsqu'il était en poste à Washington et que le patron du RPR cherchait à s'informer sur les communicants des présidents américains. Mais il n'est entré dans le cercle des intimes qu'au cours de l'été 1993. Alain Juppé, qui le connaissait depuis quelques années, l'avait choisi comme directeur de cabinet au ministère des Affaires étrangères. Villepin est venu tous les dimanches soir à l'Hôtel de Ville. Pour faire le lien entre Chirac et Juppé, sou-

vent en déplacement. Et voilà comment sa grandilo-
quence s'est imposée à tous.

Chirac admire donc son intelligence et sa rapidité. Il espère aussi, à travers lui, toucher une partie
de cette élite qui l'a toujours déserté. Bien sûr, le
président a les meilleures relations du monde avec
quelques grands patrons, François Pinault, Jacques
Calvet, Marc Viénot et les Dassault, dont la famille
est liée avec les Chirac depuis la Seconde Guerre
mondiale, lorsque le père de Jacques dirigeait une
agence de la BNCI, avenue de la Grande-Armée, qui
avait pour clients les maîtres de l'aéronautique :
Marcel Bloch-Dassault et Henri Potez. Mais ses
changements de pied, sa méfiance à l'égard du libéralisme ont fini par l'éloigner de cette grande industrie française si utile pour un homme de pouvoir.
Or, Villepin se pique d'avoir les meilleures relations
avec elle. Avec, du moins, celle qui a investi, comme
Lagardère, dans les technologies nouvelles et la
communication. Villepin est un secrétaire général
de l'Elysée un peu particulier, donc. Il ne se préoc-
cupe pas d'entretenir les relations avec les élus, les
syndicats, les partis, la haute administration. Il
compense la perte stratégique que fut pour Chirac
la rupture avec les balladuriens.

Il ne se vit pourtant pas comme un serviteur.
Dans l'équipe de campagne, en 1995, il dépeignait
Chirac sous les traits de Don Quichotte, afin d'édi-
fier les journalistes. Jamais, évidemment, il ne s'est
attribué le rôle de Sancho Pança. Trop long, trop
mince, trop élégant. Mais il est là, dit-il, « pour protéger le président ». A l'Elysée, c'est bien cela qui

pose problème. Car, semble-t-il, sa conception de la protection rapprochée suppose que tout passe par lui et que personne ne lui conteste la moindre parcelle de pouvoir. Il n'a ainsi eu de cesse, les premières années, de contrer l'influence que pouvait avoir Jacques Pilhan, ce conseiller en images que s'était choisi Chirac parce qu'il avait conseillé Mitterrand. Puis, il a poussé à la démission Jean-Pierre Denis, son propre adjoint au secrétariat général. Denis, qui était entré en 1992 comme directeur adjoint de cabinet à la mairie de Paris, croyait avoir la légitimité nécessaire pour ne pas être sans cesse relégué au second rang. Diplômé d'HEC, énarque lui aussi mais dans le corps des inspecteurs des finances, Denis plaidait des causes divergentes. Au moment de la privatisation de Thomson, il argumenta en faveur d'Alcatel, quand Villepin et Alain Juppé en tenaient pour Matra. Les seconds eurent raison du premier devant le président... jusqu'à ce que la commission de privatisation s'oppose à ce choix, en décembre 1996.

La même année, alors que la crise en Corse devenait aiguë, Villepin imposa, avec Alain Juppé, une ligne de fermeté face aux terroristes, alors que le conseiller Maurice Ulrich, qui se piquait de bien connaître les rituels politiques de l'île de Beauté, avait noué depuis plusieurs mois, en liaison avec le ministre de l'Intérieur Jean-Louis Debré et avec l'aval de Jacques Chirac, des contacts avec les indépendantistes corses. Villepin interdit l'accès d'une réunion restreinte au malheureux Ulrich qui croyait être le premier conseiller du président sur le dossier corse. C'est bien simple, la dureté de Villepin était telle, les premières années, qu'il y hérita du charmant surnom de « phalangiste... », allusion aux milices armées qui faisaient régner la terreur au Liban dans les années 80. Après l'échec de la dissolution, il eut pourtant le cran de proposer sa démission au président. Qui la refusa. Et Villepin est revenu sur le devant de la scène en caracolant.

L'homme est un tueur. Il condamne tout le monde, incendie tout sur son passage, puis récupère éventuellement ceux qui peuvent encore servir. C'est un haut fonctionnaire qui a le mépris facile et son mépris vise d'abord les élus, ce qui n'est pas banal pour un homme se piquant de faire de la politique ! Il est parfaitement capable de lâcher : « Les députés ? Ils ont un organe plus développé que les autres, c'est le trouillomètre. Heureusement qu'ils n'ont aucun pouvoir ! » En 1997, au soir de la dissolution qu'il avait tant poussée au motif qu'il fallait « remettre au pas cette majorité putschiste ! » (*sic*), il vitupérait encore les trois quarts des responsables de la droite : Bernard Pons ? « Il peut retourner dans sa grotte[1]. » Pasqua ? « C'est un type en sursis judiciaire ! » Léotard ? « Dans le Var, il fallait l'avoir à l'œil. C'est pour ça qu'on a envoyé le préfet Marchiani », et de poursuivre : « Tous ces petits messieurs ont les fesses sales. Ils veulent ma peau pour pouvoir reprendre leurs petites affaires[2] ! »

---

1. Une fine allusion à la grotte d'Ouvéa...

2. Ces vitupérations ont été rapportées dans une enquête de l'auteur, cosignée avec Cécile Chambraud et Pascale Robert-Diard, dans *Le Monde* du 26 avril 1999.

Quel esprit de nuance et de réconciliation, alors qu'il s'agissait de tenter de sauver les élections...

Mais Villepin est aussi capable de volte-face. Un an après la présidentielle, il disait de Nicolas Sarkozy : « On n'a pas besoin de lui ! On se fout de Sarkozy ! Il ne pèse rien ! » Lorsqu'il a vu Sarkozy survivre à l'humiliation de la défaite et rester l'un des rares, à droite, à fournir des idées, il a changé du tout au tout. Aujourd'hui, Dominique et Nicolas sont devenus les meilleurs amis du monde. Jules Renard, qui avait peu d'illusions sur l'âme humaine, disait : « Nous ne pardonnons qu'à ceux auxquels nous avons intérêt à pardonner. »

Au fond, le seul obstacle à son pouvoir tient à la famille du président. Chirac peut bien lui laisser la plus grande des latitudes, Bernadette et Claude, elles, regimbent franchement. Bernadette, surtout, ne peut pas le souffrir, encore que cela l'ennuie qu'on le dise. « Vous comprenez, c'est tout de même le principal collaborateur de mon mari », soupire-t-elle. Il n'empêche, si vous la lancez sur le sujet, elle est intarissable. Cette méfiance-là date de la campagne présidentielle. La presse avait sorti une affaire de terrains privés appartenant à la famille Chodron de Courcel et revendu au Port autonome de Paris. Villepin n'eut de cesse de réclamer à Bernadette les documents de la famille pour mieux défendre Chirac. Elle a aussitôt détesté ses emportements. Et lui a donné le surnom de Néron. « C'est un peu embêtant que l'on rappelle ce surnom aujourd'hui, dit-elle avec une fausse coquetterie, mais après tout, c'est un mot amusant et il n'a qu'à avoir de l'humour. » Et puis, elle n'a pas apprécié ce mot qu'on a prêté à Villepin : « Je gère le cerveau du président. » Cela l'agace déjà bien assez de voir son mari jouer sans cesse le sot. Qu'après Pierre Juillet, Marie-France Garaud, Edouard Balladur, un nouveau conseiller puisse à nouveau se vanter de le dominer lui est insupportable.

Villepin s'est longtemps moqué de tout ce que l'épouse du président pouvait bien dire de lui. « Elle n'a pas son mot à dire sur les choix politiques », affirmait-il. Quelle erreur ! Bernadette est loin d'imposer ses avis à son mari, mais elle ne compte certainement pas pour rien. En tout cas, elle le fait savoir. Après la dissolution, c'est en effet elle qui est allée voir le président pour lui expliquer qu'elle ne comprenait pas, comme les trois quarts des Français, qu'il n'annonce pas un changement d'équipe et son départ. « Ce que je reproche à M. de Villepin, tranche-t-elle aujourd'hui, c'est de ne pas avoir dit à mon mari que les Français ne voulaient plus d'Alain Juppé. » Après la défaite de 1997, c'est encore elle qui passa une tête dans le bureau du secrétaire général pour lâcher, glaciale, un : « Vous êtes encore là, vous ? » qui aurait crucifié n'importe qui. Elle l'a longtemps soupçonné de vouloir d'abord protéger Alain Juppé. Et la première dame de France n'aime pas Juppé.

L'autre difficulté a surgi avec Claude. Car Villepin est un fou de communication. Pour lui, la presse ne se lit pas, elle se manipule. Il a donc nettement tiqué face à l'emprise de la fille du président et de Jacques Pilhan sur l'image et les discours présidentiels. Mais Claude, moins prompte que sa mère à dire les choses en face, l'a tout simplement contourné. Villepin se vantait d'inspirer les discours du président, elle s'est contentée de dominer son affectivité. Fou de rage de voir des analyses du duo Claude-Pilhan reprises par la presse citant « l'entourage du président », Villepin avait beau faire savoir « l'entourage, c'est moi », Claude ne lui a jamais été soumise. « Elle peut exprimer ses propres réflexions, disait alors le secrétaire général de l'Elysée, elle n'a aucun statut dans les choix politiques. Il ne faut pas tout confondre, tout de même ! » Mais il est bien trop intelligent pour ne pas avoir saisi, depuis, des rapports de force qui le dépassent. Et elle est bien trop dévouée à la cause de son père pour ne pas vouloir continuer à l'utiliser.

Chirac, lui, même s'il lui confie beaucoup, ne lui donne pas tout. Trop d'élus sont venus lui dire qu'ils ne supporteraient pas longtemps ses rodomontades. Même François Pinault se montrait peu enthousiaste du personnage. Chirac a donc fait selon ses habitudes. Dès l'été 2000, il a placé dans les pattes de son secrétaire général un autre conseiller : Jérôme Monod. Monod est un ami de longue date des Chirac, un de ceux que reçoit Bernadette et qui a tenu Claude enfant sur ses genoux. Ancien secrétaire général du RPR, ancien patron de la Lyonnaise des Eaux, il en connaît sans doute largement autant que Villepin sur la politique, les affaires de financement occulte, la direction des hommes et le pouvoir. Il est aussi un amateur de débats d'idées. Villepin écrit des poèmes, inspire des formules, se mêle de stratégie ? Monod lit les philosophes, reçoit les élus, construit des discours. Qui peut dire que Chirac ne s'amuse pas de voir déjà poindre leur rivalité ? Qui peut dire qu'il n'a pas remarqué comment Monod prend ostensiblement un fauteuil quand tous les conseillers sont au garde-à-vous dans le bureau du secrétaire général ? Mais c'est une petite perversité à laquelle ne renoncent jamais les présidents. C'est une utilité surtout. Car Villepin a commis l'erreur de se couper trop clairement des élus et de cette droite qui regimbe parfois à considérer Chirac comme son chef. Et Monod est d'abord là pour un travail difficile et de longue haleine : recoller les morceaux de la droite et l'amener, soudée, à soutenir encore Chirac. Ce qui équivaut tout bonnement à effacer trente années de haines, trente années du passé.

10.

Pourquoi tant de haine ?

Alain Delon est arrivé devant l'église Saint-Louis-des-Invalides, ce 14 novembre 2000, entouré par une horde de photographes. Il a salué Micheline Chaban-Delmas, la veuve, élégante et digne dans sa cape noire, les derniers Compagnons de la Libération se tenant près du catafalque, les barons du gaullisme, les ex-Premiers ministres, les anciens conseillers, et quelques vieux résistants cassés par l'âge. Il a grimpé les marches deux à deux, comme un dernier hommage à celui que l'on enterre. Ce n'est pas tous les jours qu'un grand acteur assiste aux obsèques de l'homme qu'il incarna trente-cinq ans plus tôt, sanglé dans son imperméable de jeune héros.

Delon est donc là comme un dernier rappel du *Paris brûle-t-il ?* de sa jeunesse, et son œil bleu regarde le cercueil de Jacques Chaban-Delmas recouvert du drapeau bleu-blanc-rouge. Sur les bancs de l'église, se tient le plus beau casting de la politique française. Les adversaires d'hier et les amis d'aujourd'hui. Roland Dumas en romantique survivant des amitiés mitterrandiennes du mort, la haute stature légèrement voûtée d'Olivier Guichard, le chapeau et la canne de l'académicien Maurice Druon, Pierre Messmer et Jacques Delors, Charles Pasqua et Edouard Balladur, Valéry Giscard d'Estaing et Alain Juppé. Tous attendent avec curiosité que Jacques Chirac s'avance pour prononcer l'éloge funèbre : le 13 avril 1974, il a brisé la carrière présidentielle de Chaban en organisant le ralliement de quarante-trois ministres et députés gaullistes à la candidature de Giscard. Puis il l'a achevé en mitraillant le souvenir qui restait de son beau projet de « nouvelle société ». Dans l'assistance grave de Saint-Louis-des-Invalides, un ancien chabaniste murmure : « C'est tout de même la première fois que Jésus réussit à faire faire son éloge funèbre par Judas. »

Valéry Giscard d'Estaing, qui garde un certain sens des convenances, s'est éclipsé de la nef dès qu'il a vu le président de la République prendre le discours qu'il a préparé. Mais Chirac s'avance sans sourciller. « En précurseur, il avait compris que notre société moderne ne serait pas celle des certitudes acquises une fois pour toutes, des manichéismes, des idéologies en blanc et noir, dit d'une voix ferme le chef de l'Etat. Il savait que certains grands projets, pour réussir, doivent dépasser les clivages et rassembler des majorités d'opinion et d'enthousiasme. La nouvelle société qu'il appela de ses vœux était une société plus juste, plus solidaire, une société humaniste, une société résolument moderne mais dotée de ce supplément d'âme sans lequel il ne pouvait pas vivre. » Vingt-six ans après lui avoir barré la route, Chirac ose sa conclusion : « Aujourd'hui, en ce début du XXIᵉ siècle, Jacques Chaban-Delmas nous montre le chemin. » Qui a dit que la victoire est incomplète si l'on n'a pas rendu hommage à son adversaire ?

Chirac règne pourtant depuis plusieurs décennies sur un grand champ de haine. Oh, certes, François Mitterrand aussi avait ses détestations. Rocard était sa bête noire, Chirac suscitait son mépris et il avait l'œil sadique en évoquant tout un ramassis d'hommes qui lui avaient résisté. L'ancien président disait volontiers qu'en politique « il ne faut jamais dire du mal des imbéciles », mais il ne s'est jamais privé d'étriller ceux qui auraient voulu l'abattre. Il faut bien savoir s'imprégner de haine si l'on veut pouvoir tuer.

Mais aucune famille politique n'a autant parlé d'union et d'amitié pour masquer ses désirs de vengeance et ses rivalités. Et Chirac n'est pas pour rien dans cette situation-là. Chaban-Delmas fut donc sa première vraie victime. « On ne tire pas sur une ambulance », avait écrit faussement compatissante Françoise Giroud dans *L'Express*. Chirac tira sur l'ambulance, les infirmiers et sur le blessé en affirmant sans barguigner : « On ne trahit pas ce qui n'existe plus. » Ensuite, il ne s'est plus jamais arrêté. Il est loin d'être le seul. Mais il est le seul à être aujourd'hui le chef. Hemingway assurait : « Chacun de mes contacts avec la politique m'a donné l'impression d'avoir bu dans un crachoir. » Chirac est de ces hommes qu'aucun breuvage ne rebute.

On ne peut comprendre les méfiances qu'il a gardées, les exaspérations qu'il suscite encore, les rivaux qui continuent de tenter de lui barrer la route, si l'on ne regarde pas tous ces petits assassinats qui jonchent son parcours. L'autopsie des cadavres permet parfois de mieux comprendre la psychologie des assassins.

Il en est pourtant un qui bouge encore. Un dont la dernière énergie est entièrement consacrée à la vengeance. Un qui ne rencontrera le bonheur qu'avec sa défaite. « Si vous vous présentez contre moi, vous laisserez du venin », lui avait dit Valéry Giscard d'Estaing en 1981. Il ne croyait pas si bien dire. Plus de vingt ans après, le venin est intact dans la chair de l'ancien président. Il faut dire que Chirac a enfoncé bien loin ses crochets pour le faire tomber. Ce n'est pas seulement le fait que Chirac ait été candidat alors qu'il devait affronter un François Mitterrand plus en pointe que jamais que Giscard n'a jamais pu digérer. C'est la manière dont l'autre l'a tué. Car Chirac n'y est pas allé de main morte.

Depuis 1976, Giscard se méfiait de lui. Depuis, raconte-t-il parfois quand il réchauffe sa bile, que Chirac lui a dit pour justifier sa démission de son poste de Premier ministre qu'il faisait une dépression nerveuse et qu'il avait décidé de quitter la politique. Alors qu'il se préparait à fonder le RPR ! « Ce type-là est capable de tout », dit Giscard de Chirac. Depuis, il a accumulé les preuves. D'abord, il a enquêté. Et il a trouvé. En octobre 1980, sept mois avant l'élection présidentielle, Chirac a dîné avec François Mitterrand au domicile d'Edith Cresson, grâce à l'entremise de l'ancien député-maire RPR de Royan, Jean de Lipkowski. Giscard est certain que c'est là que s'est nouée une alliance pour le faire tomber. Il a raison. « C'est vrai que l'on voyait alors les conseillers de Mitterrand pour échanger nos analyses et monter certains coups », raconte aujourd'hui Jean-Jacques Guillet qui s'occupe alors, avec William Abitbol [1], de la stratégie et de la communication de Chirac. Mais il y a autre chose. A partir du moment où Chirac a été candidat, le 3 février 1981, Giscard est convaincu qu'il a laissé Charles Pasqua organiser une campagne contre lui. Tous les témoignages prouvent qu'il a raison. Les Pasqua boys entreprennent le dénigrement systématique de sa candidature. Ils publient de petites brochures laissant supposer que Giscard est « le candidat de Moscou ». Pire, alors que le scandale des pierres précieuses que l'empereur de Centrafrique Bokassa a offertes au chef de l'Etat français fait rage, sont apposés nuitamment, sur les affiches du « candidat-citoyen », juste à la place des yeux, deux diamants autocollants... « Bien sûr, se souvient Eric Raoult, qui participe alors à ces équipées, Chirac ne donnait pas d'instruction personnelle. Mais nous savions qu'évidemment il était au courant. »

Lorsque, au soir du premier tour de la présidentielle, le candidat du RPR annonce que « personnellement » il votera Giscard, c'est donc comme s'il donnait le signal du vote révolutionnaire. Le 10 mai

---

1. Les deux hommes suivront plus tard, pendant un temps, Charles Pasqua.

1981, les apparatchiks du RPR qui se rendent au siège du mouvement se confient les uns aux autres comment ils ont voté Mitterrand.

Il est clair qu'après la trahison de Chaban, ce deuxième coup de poignard de Chirac contre le représentant de son camp a laissé des traces au sein des électeurs de droite. « Je me souviens, dit aujourd'hui Eric Raoult, que le jour où ma mère a raconté au cours d'un repas de famille qu'elle avait suivi ma consigne et voté Mitterrand, mon père, qui était un petit entrepreneur de droite et avait peur de la gauche, a quitté la table. » Il a surtout laissé une haine inextinguible dans le cœur de Giscard.

Il faut l'avoir en mémoire pour comprendre aujourd'hui la volée de flèches qu'il envoie régulièrement en direction de celui qui l'a fait trébucher, avec l'espoir à peine dissimulé d'empêcher sa réélection. « On pourrait dire, pour résumer », a écrit Pascale Robert-Diard dans un très bel article intitulé « Au bonheur de l'Ex », que si « François Mitterrand a donné un statut à la fonction d'ancien président de la République, Jacques Chirac lui a donné un contenu... qui est de critiquer Jacques Chirac[1] ». Car Valéry Giscard d'Estaing goûte aussi souvent qu'il le peut le plaisir d'embêter son adversaire. Certes, il l'a soutenu du bout des lèvres en 1995, mais c'était parce qu'il détestait plus encore cet Edouard Balladur qui venait sur ses plates-bandes séduire les élus et les électeurs UDF. Depuis, il ne perd pas un instant. En 1997, il ne se prive pas de

---

1. *Le Monde* du 30 mai 2000.

121

critiquer la dissolution. En avril 1998, quand Chirac est au plus bas face à une gauche victorieuse, il lâche dans *Le Figaro Magazine* : « Il manque une locomotive pour tirer le convoi politique français (...). En réalité, nous ignorons où nous allons ! Il n'y a plus de phare pour nous éclairer. Il est désormais dans notre dos. » En 1999, il relance l'idée d'une réforme du mandat présidentiel, alors même qu'il sait que Chirac n'en veut pas. « Le quinquennat est un truc à emmerdes », affirme à ses amis le chef de l'État. Il n'en faut pas plus pour satisfaire « l'Ex ». « Le truc à emmerdes » tiendra ses promesses. Enfin, quand le juge Halphen envoie une convocation à l'Elysée invitant Chirac à « témoigner » dans l'affaire des HLM de la ville de Paris, que vient dire suavement Giscard sur France 3 ? « Aucune disposition de la Constitution ne l'interdit[1] », avant de préciser que lui-même accepta de témoigner à deux reprises. Qui a dit que la vengeance est un plat qui se mange froid ?

Le malheur est que Giscard n'est pas le seul à alimenter les divisions de sa famille politique. Toute la droite est traversée par cette tentation de l'injure et du meurtre. Faut-il rappeler tous ces moments où la réconciliation n'a pas eu lieu, où des hommes ont tout exprès été placés en situation de rivalité, où ils se sont balancé des mots cinglants, des communiqués vengeurs, où ils ont voté pour l'adversaire

---

1. Le 8 avril 2001, dans l'émission « France-Europe Express ».

plutôt que de voir élu leur allié ? Faut-il donner quelques scènes de cette haine ordinaire ?

Le 24 avril 1995, alors que la veille Edouard Balladur, défait, a appelé ses électeurs à se reporter sur Chirac, celui-ci se fend d'un coup de fil pour le remercier. Il ne récolte d'abord qu'un silence glacial avant que l'autre n'explose : « Votre campagne a été ignoble, je n'oublierai rien des bassesses de vos amis. Je ne vous demande qu'une chose, c'est de ne pas poursuivre mes amis et mes collaborateurs. – Je vous donne ma parole, Edouard. Vous me connaissez... – C'est parce que je vous connais que je ne vous crois pas. » Une fois élu, Chirac ne fera pas les gestes nécessaires à la réconciliation au sein d'une droite déchirée entre son rival et lui. Il ne dissout pas l'Assemblée, ce qui aurait ressoudé la majorité, élimine les balladuriens du gouvernement Juppé au motif qu'« on ne casera aucun de ces traîtres ». Cent jours plus tard, avec son Premier ministre, il écarte Alain Madelin du ministère de l'Economie et des Finances. Motif : « Ce type est incontrôlable. Il faut le virer ! » Deux ans après, il dissout et envoie au casse-pipe 577 députés.

Des vieux crocodiles, hormis Giscard, il ne reste que Pasqua. Là encore, l'histoire n'est qu'une alternance de trahisons et de réconciliations. Après avoir pendant vingt ans organisé les élections internes du RPR et veillé à l'ascension et au maintien de Chirac, Charles a eu un jour l'idée, après la défaite de 1988, qu'il pourrait peut-être incarner un meilleur candidat. En 1990, il a tenté un putsch avec Philippe Séguin contre lui et, en 1995, il l'a trahi pour rejoindre Balladur. Depuis, il oscille entre les vacheries et les visites d'amitié à l'Elysée, entre sa candidature présidentielle et l'envie de décrocher.

Chirac a-t-il mieux réussi avec la génération suivante ? Certainement pas. Les quinquagénaires de la droite sont des gens frustrés. Depuis si longtemps, ils doivent supporter le choc des ambitions de leurs vieux dirigeants : Chirac contre Giscard, Giscard contre Chirac. Et quoi encore ? Vaguement Raymond Barre, venu faire un petit tour de piste en 1988. Edouard Balladur, bien sûr, mais celui-là n'y a gagné qu'un surnom au RPR, celui d'« étrangleur ottoman ». Pour le reste, il a bien fallu s'entre-tuer, histoire de passer le temps. Et Chirac a souvent passé le couteau.

Prenez donc Philippe Séguin et Alain Juppé. Ils se haïssent à un degré difficile à imaginer. Séguin ? « C'est la grosse Bertha », a longtemps dit Juppé. Séguin rétorque, exaspéré de voir l'affection que porte Chirac à son rival : « Celui-là, c'est l'inspecteur des travaux finis. En 1995, on ne l'a vu arriver que quand les sondages sont remontés. » « Quand je dis noir, il dit blanc et vice versa », résume « l'inspecteur » exaspéré. Bref, ils ne peuvent pas se supporter. Bien sûr, on trouvera des éléments objectifs à leur haine : même âge à deux ans près (Séguin est né en 1943, Juppé en 1945), même parti, même ambition présidentielle. Cela suffit à aiguiser les tentations fratricides. Mais il faut y ajouter le jeu dangereux qu'a toujours joué Chirac pour mieux utiliser l'un ou l'autre. Ce sont les coups de boutoir de Séguin qui contribuent à faire basculer la campagne en 1995. Mais c'est Juppé qui devient Premier ministre. Après la dissolution, alors que Séguin est cette fois décidé à ravir le RPR à Juppé – « la bête résiste, il va falloir l'achever », dit-il de son rival –, Chirac tente encore désespérément de barrer la route de Philippe dont il est certain qu'il va bientôt se présenter contre lui à la présidentielle. Mais deux ans plus tard, c'est Séguin qu'il pousse à prendre la tête de la liste de la droite aux européennes de 1999, alors même que celui-ci, du fait de ses positions anti-maastrichiennes passées, est un véritable chiffon rouge pour les juppéistes et les UDF. Il n'est pas besoin de les tenter beaucoup l'un et l'autre pour les entendre dire les pires choses. A Menton, aux journées parlementaires du RPR, en octobre 1998, Alain Juppé s'assied à table avec des journalistes. Quelques minutes auparavant, il a annoncé à Jean-Louis Debré qui évoquait le nom de Séguin : « Cette fois, je vais me le payer ! » Et tout y passe – son embonpoint, ses colères, son mutisme. « Vous l'imaginez Premier ministre ? » demande-t-il à la cantonade en imitant son rival, avant d'ajouter : « Moi, ce qui m'a toujours surpris, c'est la complaisance de Chirac vis-à-vis de Séguin. » Les jalousies ne sont pas toujours bien jolies...

Mais le président n'est pas prêt à s'arrêter en si bon chemin. Depuis plusieurs années maintenant, il cultive la haine entre François Bayrou et Philippe Douste-Blazy afin d'instiller profondément le ferment de la division au cœur de l'UDF. Les deux hommes sont d'une incroyable vanité et Chirac ne joue que de cela. A Bayrou, il assure : « Bien sûr, je comprends parfaitement que tu te présentes, c'est une première étape de ton avenir présidentiel. » Mais il reçoit aussitôt derrière Douste-Blazy : « Il faut éviter que Bayrou ne dépasse les 7 % au premier tour, de façon à ce que je puisse ensuite rassembler. Au fait, Philippe, j'ai vu que la presse et les sondages te classent maintenant parmi les Premiers ministrables... » Madelin ? Il lui a peu à peu volé ses troupes. Et il ne perd jamais une occasion d'inviter les députés Démocratie libérale, son parti, à déjeuner. Et Chirac peut bien avoir des haut-le-cœur devant le libéralisme, les libéraux de Madelin se montrent tout ce qu'il y a de plus empressé. Allez faire face à la gauche avec un camp aussi divisé. C'est pourtant ce que Chirac a toujours fait, donnant le coup de rein final pour obliger son camp à se rassembler au dernier moment et à le soutenir. Dût-il ensuite se redéchirer.

Troisième partie

L'engrenage

Spiral

11.

« Ces juges sont des cosaques ! »

Les premières inquiétudes ont vraiment
commencé en 1994. Oh ! pas grand-chose au début.
Des affaires de fausses factures, trop compliquées
pour créer vraiment l'émoi dans l'opinion, des mis
en examen trop peu connus du grand public pour
faire vraiment la manchette des journaux. « Des histoires de cornecul », aime à dire Chirac qui affecte
de s'en désintéresser. Mais au sein du RPR, on a
commencé à regarder cela de près. Un juge, Eric
Halphen, ayant appris le métier auprès de Renaud
Van Ruymbeke, célèbre pourfendeur des systèmes
de financements occultes des partis politiques, se
préoccupait d'un réseau de fausses factures dans la
région parisienne et des marchés des offices HLM
des Hauts-de-Seine et d'Ile-de-France. En l'espace
de quelques mois, près d'une dizaine de personnes
ont été mises en examen, dont deux gros promo-
teurs proches du mouvement gaulliste, Francis Poul-
lain et Jean-Claude Méry.
Parmi les rares conseillers restés autour de Chirac, on a fini par trouver que les investigations du

juge se rapprochaient dangereusement de l'Hôtel de Ville. Halphen était-il téléguidé par des membres du gouvernement Balladur ? Le ministre de l'Intérieur Charles Pasqua, le ministre du Budget Nicolas Sarkozy, disposant des réseaux de la police et de la force d'investigation du fisc, étaient-ils à la manœuvre derrière les lettres anonymes reçues par dizaines dans le cabinet du juge d'instruction ? Allaient-ils tous jouer avec le feu pour définitivement discréditer Chirac et permettre à son rival de l'emporter ?

Edouard Balladur n'a pas eu à attendre beaucoup pour les démentir. Dès les premières investigations de la justice, il a confié à son directeur de cabinet, Nicolas Bazire : « A force de cibler la garde rapprochée de Chirac, le juge va arriver jusqu'à nous. Nous la lui avons prise, n'est-ce pas ? » Car Balladur sait bien qu'il a placé au sein de son gouvernement l'homme clé des dossiers qui intéressent le juge : Michel Roussin, son ministre de la Coopération, l'ancien directeur de cabinet de Chirac à la mairie de Paris. Avant de rejoindre le gouvernement de Balladur, Roussin a été le plus précieux collaborateur de Chirac, un rouage essentiel de son système. C'est le genre d'homme affable, volontiers blagueur, qui peut parler une heure durant aux journalistes sans rien leur dire de ses secrets. Un de ces caractères parfois dépeints par le plus grand maître de l'espionnage, John Le Carré, un « bavard muet », sociable et séduisant dans la conversation, mais cadenassé sur l'essentiel. Car, avant toute chose, c'est un homme des services secrets. Chirac l'a ren-

contré en 1972, alors que Roussin était comman-
dant militaire de Matignon, occupé à l'époque par
Pierre Messmer. Mais c'est en 1974, lorsqu'il est
devenu Premier ministre, qu'il a fait de lui un sous-
préfet. Très vite, Roussin devient pour quatre ans,
et très officiellement, le directeur de cabinet
d'Alexandre de Marenches, le patron du SDECE,
l'ancêtre de la DGSE, c'est-à-dire des services secrets
français.

C'est de cette profession-là que Roussin est sans
doute resté le plus fier. Il en aime la discipline et
l'esprit d'aventure. Il s'y est créé un style : un esprit
froid derrière une allure séduisante. Roussin est le
genre d'homme à connaître bon nombre de secrets
d'Etat et à circuler en moto pour aller débriefer ses
« sources ». Lorsqu'on a, comme Chirac, l'ambition
présidentielle déjà chevillée au corps, un homme
de la trempe de Roussin ne se perd pas de vue.
Après son poste au SDECE, et alors que la gauche
arrivait au pouvoir en 1981, ce dernier s'est recasé
pour deux ans à la Compagnie générale des eaux.
Il a désormais le profil parfait pour travailler très
officiellement auprès de Chirac, qui le fait entrer à
la mairie en 1983. A charge pour lui d'organiser ses
campagnes électorales. Roussin dira plus tard de
son patron : « C'est lui qui m'a donné ma chance et
mes premières responsabilités. » Gros bosseur, d'un
caractère assez égal, d'un humour très vif, Roussin
s'occupe peu à peu de tout. Un peu trop, sans
doute. Dix ans plus tard, alors qu'Edouard Balladur
lui offre enfin ce poste ministériel auquel il aspire,
Roussin lâche comme un aveu cinglant : « J'ai été

un collaborateur fidèle de Chirac et de ses filles. Mais j'en ai assez de promener leur chien. » Car Roussin organise effectivement une bonne partie de la vie des Chirac. Il veille sur les difficultés de Laurence, les sorties de Claude, écarte les curieux qui voudraient pénétrer la vie privée de son patron.

Il est aussi bien plus que cela. Car il est resté en contact étroit avec les services. C'est lui qui a alerté le premier Jacques Chirac sur l'affaire Greenpeace, en juillet 1985, en l'informant que des agents français sont à l'origine du sabotage du *Rainbow Warrior*, dans le port d'Auckland. Lui qui explique combien l'affaire menace de déstabiliser gravement le pouvoir de François Mitterrand qui a couvert l'opération et sacrifie son ministre de la Défense Charles Hernu sur l'autel du secret d'Etat. Devenu chef de cabinet de Chirac à Matignon, entre 1986 et 1988, c'est encore lui qui, au second plan derrière l'équipe du ministre de l'Intérieur Charles Pasqua, participe à la guerre de l'ombre que se mènent la droite au gouvernement et le président Mitterrand dans une cohabitation sans merci. Terrorisme, otages du Liban, il est l'informateur de Jacques Chirac autant que l'organisateur de la vie quotidienne à Matignon. Ces hommes-là sont rares dans les milieux du pouvoir. Chirac ne le sait que trop bien. En 1988, après sa défaite à la présidentielle, il ne lâche pas Roussin. Mieux, il en fait cette fois son directeur de cabinet à la mairie de Paris.

Il est devenu un homme essentiel du clan. Sa vigie, son conseiller, le gardien de ses secrets, l'organisateur de ses moyens. Mais Roussin est aussi un homme clairvoyant. Dès 1992, il a senti le danger. Une note de l'inspection générale de la Ville pointant « les risques judiciaires que représente le fonctionnement de la municipalité parisienne » a atterri sur son bureau. Roussin a aussitôt alerté son patron. En vain. Chirac a balayé ses craintes d'un revers de main. Pour prix de ses services rendus, il a offert à son conseiller, en 1993, une circonscription en or, dans le 7ᵉ arrondissement de Paris, un endroit au cœur du pouvoir, réputé imprenable par la gauche.

On comprend mieux ce cri du cœur qu'a eu Chirac, lorsque Balladur lui « prend » Roussin pour en faire son ministre de la Coopération : « Mais, Edouard, vous me dépouillez ! » Balladur, qui n'ignore évidemment pas les services inestimables que Roussin a rendus à Chirac, fait ainsi d'une pierre dix coups. Il enlève au maire de Paris un de ses rouages essentiels. Il s'agrège symboliquement le fidèle d'entre les fidèles et le connaisseur de tous les secrets de son rival. Il tente aussi, en offrant à Roussin le tremplin auquel il aspire pour sa carrière, de s'approprier ses réseaux en Afrique, sur laquelle règne alors en maître Charles Pasqua, et plus largement ses réseaux dans la franc-maçonnerie.

On comprend mieux aussi pourquoi les premiers ennuis judiciaires de Michel Roussin sont comme un tremblement de terre dans la chiraquie. Depuis plusieurs années déjà, *Le Canard enchaîné* affirme que Roussin est le pivot d'un système de financement occulte du RPR. Mais ce ne sont que des articles. Qu'un juge s'en mêle, c'est tout autre chose.

En cet hiver 1994, alors que Chirac est encore au plus bas dans les sondages et que ses amis doutent qu'il puisse l'emporter à la présidentielle, la situation n'a jamais été plus menaçante. Jean-Claude Méry, inconnu à l'époque, a été placé en détention préventive. Roussin est mis en examen le 12 novembre. Deux semaines plus tard, le juge Halphen est à l'Hôtel de Ville pour interroger la secrétaire particulière de Jacques Chirac. Le 14 février 1995, il est en Corrèze, accompagné de policiers, pour questionner l'ancien patron de l'OPAC, l'Office HLM de la ville de Paris, Georges Pérol, dont le nom est aussi apparu dans le dossier fiscal de Jean-Claude Méry. Pérol est un ami des Chirac, installé depuis 1977 à la mairie de Meymac, en plein cœur de leur fief corrézien. L'engrenage est en place.

Désormais, le sort du candidat paraît ne tenir qu'au silence d'une poignée d'hommes. Dès le début de ses ennuis judiciaires, Michel Roussin a d'ailleurs prévenu discrètement son ancien patron. Il veut bien assumer ses responsabilités, ne pas parler, ne pas trahir, ne pas déclencher de maelström judiciaire. Mais il refuse de passer pour la branche pourrie d'un système. Il n'a pas apprécié que Bernadette Chirac ait lâché avec mépris, en évoquant son passage chez Balladur : « Quand on pense que nous l'avons sorti de sa guérite... » Alors, pour que les choses soient définitivement claires, il suscite un petit écho dans la presse. Quelques lignes simplement, mais une menace qui est immédiatement comprise. Un ancien expert du financement de partis politiques projette d'écrire ses Mémoires ? « Moi, je n'aurais pas besoin d'écrire un livre, lâche Roussin, une page suffirait pour que Chirac ne se présente pas à l'élection présidentielle. »

Chirac a saisi l'allusion. Et Balladur aussi, à qui l'on a apporté, surligné, le petit écho menaçant de son ancien ministre. « C'est dommage pour nous qu'un ministre tel que lui soit mis en examen, a lâché aussitôt Edouard. Mais le plus gêné par cette histoire, ce ne sera pas moi. » Il ne croit pas si bien dire. Même élu le 7 mai 1995, Chirac vit désormais avec cette épée de Damoclès au-dessus de sa tête de président.

Que les juges suscitent la crainte de Chirac est une nouveauté. Jusque-là, il s'est contenté de laisser à leur propre sort ceux qui, parmi ses fidèles, sont désormais emportés dans le tourbillon des affaires. Il ne sait pas grand-chose du fonctionnement quotidien de la justice, de ses procédures ; pour lui, l'intérêt supérieur de la nation et la raison d'Etat ont toujours primé sur tout le reste. Quand en 1995, le P-DG d'Alcatel, Pierre Suard, s'est retrouvé au centre d'une affaire de surfacturation, Chirac a considéré que ce n'était pas Suard qui mettait en cause l'image du groupe industriel mais bien les juges. L'affaire Elf qui défraie la chronique lui paraît presque du même tonneau. Bien sûr, il y a ces histoires d'appartements, de cartes de crédit illimité, de maîtresses qu'on entretient royalement. Mais c'est la puissance du groupe pétrolier qui est en jeu et, donc, la présence de la France à l'étranger. De ce point de vue-là, Chirac s'inscrit bien dans la tradition des hommes politiques de sa génération : la raison d'Etat est toujours la meilleure. Et cette transparence, cette morale nouvelle, cette avidité de vertu lui semblent dévastatrices. Qui, en France, aime encore Robespierre ?

Il n'empêche que si Chirac ne connaît pas dans le détail les pouvoirs d'un juge d'instruction, il n'a jamais négligé la hiérarchie judiciaire. Il n'a jamais manqué, lorsque c'était en son pouvoir, de placer des fidèles à la tête de la Chancellerie. Il n'a jamais cru une seule seconde qu'un garde des Sceaux renonce à s'informer des dossiers « sensibles », mais il a longtemps pensé que l'on pourrait tenir les uns et les autres par des colifichets et des promotions de carrière. Dès son arrivée à l'Elysée, il veille donc très scrupuleusement à ce que les affaires qui menacent ses amis ne parviennent pas jusqu'à lui.

A qui propose-t-il, en 1995, le ministère de la Justice ? Pas à un brillant avocat ou un homme de loi, pas au plus irréprochable homme politique de son camp. Non. Il choisit personnellement, alors même qu'Alain Juppé dirige le gouvernement, de proposer le poste à Jean Tiberi, ancien magistrat, puis à Jacques Toubon. Tiberi, qui lorgne sur la mairie de Paris, refuse la Chancellerie pour la capitale. C'est donc Toubon qui part place Vendôme. Il est nommé avec rang de ministre d'Etat, le second personnage du gouvernement. La raison de ce choix ? Ce sont alors les deux amis politiques les plus indéfectibles. De Tiberi, chacun pense que Chirac l'a fait et qu'il a accompli une carrière inespérée en se plaçant dans son sillage. De Toubon, le président est sûr. Et au-delà. Que beaucoup craignent la maladresse et le caractère brouillon du nouveau ministre ne change rien à l'affaire. Chirac sait qu'il peut tout lui imposer et surtout de veiller aux affaires.

La conception qu'a le nouveau chef de l'Etat de la justice ne brille pas par son originalité. Tous ses prédécesseurs ont eu la même. Tous ont voulu étouffer ce qui pouvait faire scandale. Petits ou grands dossiers. Tous ont géré les carrières des magistrats les plus déterminants. Tous ont considéré la justice, non comme un « pouvoir », mais comme une simple « autorité », selon le mot inscrit dans la Constitution de la Ve République. François Mitterrand pouvait prononcer des paroles sévères sur « l'argent qui corrompt », les socialistes ont montré qu'ils pouvaient tout mettre en œuvre pour empêcher les affaires de les atteindre. Garde des Sceaux, Henri Nallet a osé ordonner au procureur de Marseille de classer le dossier de l'Olympique de Marseille au moment où il risquait d'exploser. Pas question de mettre en difficulté un visiteur de l'Elysée et un futur ministre : Bernard Tapie. En avril 1991, il a dessaisi de l'affaire Urba – procédure rarissime – le juge Thierry Jean-Pierre, accusé d'avoir commis un « cambriolage judiciaire » pour avoir tenté d'instruire tout de même le dossier du financement occulte du parti socialiste. Mais les temps ont changé. François Mitterrand, qui haïssait les juges – après tout, il les avait côtoyés comme ministre de la Justice de la IVe République – autant sans doute que les investigateurs de la presse, avait prévenu, lors de l'un des derniers Conseils des ministres de son septennat : « Ne vous faites pas d'illusions. C'est du petit bois pour un grand incendie. Les juges veulent le pouvoir. »

Mitterrand pourtant n'a connu, si l'on peut dire, que le début de la déferlante. Chirac, lui, est au cœur de la tempête. Et c'est une première, sous la Ve République. Le 24 mai 1995, une semaine à peine après les cérémonies de son investiture à l'Elysée, le nouveau président a vu Georges Pérol, l'ami corrézien placé, de 1982 à 1992, à la tête de l'OPAC de la ville de Paris, mis en examen, en compagnie de son ex-adjoint François Ciolina. Les juges perquisitionnent ensuite au siège du RPR les 3 et 7 juillet 1995 et mettent en garde à vue Louise-Yvonne Casetta, qui passe pour la trésorière officieuse du mouvement gaulliste. Le danger se rapproche.

Chirac continue pourtant à vouloir jouer sur tous les tableaux. Dès son premier Conseil des ministres, le 20 mai 1995, il affirme ainsi son intention de « donner à la justice les moyens d'une totale indépendance ». Trois jours plus tard, son ministre Jacques Toubon a confirmé les choses : « Le ministre ne pourra pas empêcher l'ouverture d'une information judiciaire ni ordonner le classement sans suite d'une affaire. » Belles déclarations d'intention... qui seront balayées au premier coup dur.

Car les menaces viennent de toute part. Le 3 juillet 1995, un jeune avocat nommé Arnaud Montebourg a déposé, au nom de l'Association pour la défense des contribuables parisiens (ADCP), une plainte auprès du procureur de la République de Paris, Bruno Cotte, sur les conditions d'obtention par le fils d'Alain Juppé d'un appartement du

domaine privé de la ville de Paris. A Paris, le microcosme, qui s'interroge sur les motivations de ce
jeune avocat, n'y voit tout d'abord qu'une tentative
de se faire remarquer des médias. Mais le 6 juillet,
le procureur de Paris Bruno Cotte, qui a lu attentivement l'argumentaire serré de Montebourg, rend
une première note : à ses yeux, le délit ne paraît
pas constitué pour le fils de M. Juppé. Mais il ajoute
un élément qui met en émoi Matignon et l'Elysée :
le délit pourrait bien être constitué pour le père. Le
motif ? Prise illégale d'intérêts. Car c'est Alain
Juppé qui, alors qu'il était adjoint aux finances de
la ville de Paris, a signé les conditions du loyer de
l'appartement occupé par son fils. L'affaire est une
catastrophe pour le Premier ministre. Le voilà
devenu le symbole des « facilités » que s'autorisent
les responsables politiques de la ville. Or le président n'a-t-il pas solennellement annoncé que,
« dans un esprit de rigueur et d'exemplarité, tout
ministre mis en examen devrait quitter le gouvernement » ? Deux mois après la liesse de la victoire, les
sondages apportent leur réponse cinglante : dix
points de moins pour le tandem Chirac-Juppé. Voilà
un appartement qui coûte cher.

Désormais, les belles déclarations des débuts ne
vont plus être qu'un souvenir. En septembre, Bruno
Cotte apprend qu'il va devoir bientôt quitter son
poste. Sans doute au nom du principe de mobilité
cher à la magistrature. Mais le procureur tente ce
qui paraît un baroud d'honneur : le 11 octobre, il
explique que, s'il estime que le délit de prise illégale
d'intérêt est constitué, il est pourtant prêt à classer

le dossier si M. Juppé quitte son appartement. Le président, le Premier ministre, furieux, remuent ciel et terre auprès de la Chancellerie. Jacques Toubon doit intervenir à la télévision pour calmer les esprits. Dans un geste parfaitement inhabituel, le procureur général près la cour d'appel, Jean-François Burgelin, publie alors un communiqué, approuvé par le ministre de la Justice, dans lequel il affirme que l'infraction n'est pas constituée et est, de toute façon, prescrite. L'indépendance est en bonne voie.

Faut-il ensuite énoncer toutes les occasions où la Chancellerie va ainsi tenter de reprendre en main les dossiers qui régulièrement éclatent, telles des mines, à la figure du nouveau pouvoir ? Le juge Halphen veut-il se saisir du dossier concernant un appartement de la ville occupé cette fois par Dominique Tiberi, le fils du nouveau maire ? L'affaire est aussitôt transmise au procureur de Paris au nom de la compétence territoriale. Le dossier y sera classé. Au nom de la prescription. Les premières poursuites engagées contre Louise-Yvonne Casetta seront annulées. Tous les recours de la procédure sont utilisés. Et quand cela ne suffit pas, le gouvernement n'hésitera pas à frôler les limites de la légalité. Le 27 juin 1996, lorsque le juge Halphen veut effectuer une perquisition au domicile des Tiberi, le directeur de la police judiciaire parisienne, Olivier Foll, demande aux officiers de police judiciaire de refuser leur concours. C'est parfaitement contraire à la loi, mais il est alors soutenu par le ministre de l'Intérieur Jean-Louis Debré.

En octobre 1996, on atteint des sommets, si l'on
ose dire. Xavière Tiberi est alors mise en cause pour
un salaire perçu officiellement en rémunération
d'un rapport sur « Les orientations du conseil général de l'Essonne en matière de coopération décen-
tralisée ». En l'absence du procureur d'Evry, parti
au sommet de l'Himalaya, le procureur adjoint a
ouvert une information judiciaire contre l'épouse
du maire de Paris. Le ministre de la Justice prend
alors une initiative étonnante : il affrète un hélicoptère au Népal à bord duquel prend place un
membre de l'ambassade de France à Katmandou
chargé de remettre au procureur amateur de mon-
tagne un document signé par le directeur central
de la police judiciaire Bernard Gravet et le directeur
des affaires criminelles et des grâces Marc Moinard,
lui demandant de confirmer par écrit les consignes
d'enquêtes préliminaires.

Pourquoi Chirac prend-il ainsi le risque de
paraître museler la justice ? Parce qu'il refuse, tout
d'abord, de se laisser déstabiliser. Il considère l'affaire de l'appartement de son Premier ministre
comme une attaque injuste. « S'il s'était vu attribuer
un appartement de fonction par la Ville, cela n'aurait pas fait toute cette histoire », dit-il. Il juge ridi-
cules les poursuites contre l'épouse de Jean Tiberi.
« Si Xavière avait été l'assistante parlementaire de
Jean, explique-t-il, elle aurait gagné bien plus que
200 000 francs par an et personne n'aurait rien pu
trouver à redire. »

Mais surtout, il considère que « ces juges sont
d'abord des militants politiques ». Le juge Hal-

141

phen ? « Un socialiste », affirme l'Elysée. Plus tard, quand les juges Desmure puis Brisset-Foucault et Riberolles se mettront eux aussi à enquêter autour des emplois fictifs, des marchés de la ville de Paris, du financement du RPR, des amis de Chirac ne cesseront jamais de dénoncer leur esprit partisan. « Ces juges sont des cosaques », explique ainsi devant la presse le président du groupe RPR au Sénat, Josselin de Rohan. « Ce sont des bolcheviks », assure un conseiller du président.

C'est d'ailleurs avec la conviction profonde que les hommes de justice sont aussi des politiques que Chirac use des circonstances pour renouveler profondément, dès son arrivée au pouvoir, la hiérarchie judiciaire. Le jeu des retraites et des promotions aidant, le président s'est en effet trouvé dans la situation de pouvoir nommer les titulaires d'une bonne vingtaine des plus hauts postes de la magistrature. Et pour un homme censé ne rien comprendre à la machine judiciaire, il fait preuve d'un remarquable sens de l'à-propos.

Le 9 juillet 1996, il nomme ainsi premier président de la Cour de cassation Pierre Truche, qui était procureur général près la Cour de cassation. Celui-ci libère donc la place et, aussitôt, Jacques Chirac y fait nommer Jean-François Burgelin. Celui-là même qui reprochait aux juges, en visant implicitement Halphen, de se comporter « en justiciers ». Le poste est d'importance, car son titulaire a le pouvoir d'attaquer une décision judiciaire qu'il estimerait irrégulière. Mais le jeu de chaises musicales a surtout libéré le poste de procureur général près la cour d'appel de Paris. C'est le plus important parquet de France, dont le ressort s'étend aux tribunaux d'Evry et de Créteil où sont justement instruites les affaires sensibles. Chirac n'y nomme pas n'importe qui. Alors que le Conseil supérieur de la magistrature émet un avis défavorable, le président impose la nomination d'Alexandre Benmakhlouf. Celui-ci a été conseiller à Matignon, durant la première cohabitation, puis conseiller juridique du maire de Paris. A l'Hôtel de Ville, il était numéro trois sur l'organigramme du cabinet. Juste derrière Michel Roussin. Après la victoire de 1995, il est tout naturellement devenu le directeur de cabinet de Jacques Toubon au ministère de la Justice. Son propre fils, Mathieu, a obtenu un poste d'agent d'exécution à la mairie sous la magistrature de Jean Tiberi. Autant dire que Benmakhlouf est un magistrat parfaitement... dépendant.

Le président de la République nomme aussi, en septembre 1996, Marc Moinard directeur des affaires criminelles et des grâces. Moinard, assurent trois membres du Syndicat de la magistrature [1], s'arrange subtilement des contraintes du code de procédure pénale qui impose que les instructions du garde des Sceaux aux procureurs soient écrites. Il donne purement et simplement ses avis par téléphone.

---

1. Jean-Claude Bouvier, Pierre Jacquin et Alain Vogelweith dans *Les Affaires ou comment s'en débarrasser*, La Découverte, 1997.

143

Il faut pourtant fournir quelques gages à l'opinion. La presse ne cesse plus de relater en détail les mises en examen d'anciens membres du RPR et de publier les procès-verbaux d'audition. L'affaire de l'hélicoptère envoyé par Toubon a eu un effet désastreux. Le président annonce donc, en décembre 1996, la mise en place d'une commission de réflexion sur la Justice présidée par Pierre Truche, tout en assurant à la télévision qu'il a acquis la certitude que « les procureurs n'obéissent plus » aux ordres des politiques.

Cela n'empêche pas, bien sûr, de surveiller discrètement les anciens proches mis en examen. Mais Chirac hésite sans cesse, depuis le début des affaires, entre la nécessité de conserver dans son orbite ceux qui pourraient le faire chuter, et la tentation de couper les ponts avec eux. Louise-Yvonne Casetta en sait quelque chose. La jeune femme, qui passe pour la trésorière occulte du RPR, est devenue très gênante dès 1996. Trop, sans aucun doute, aux yeux de l'Elysée. Certes, elle continue de minimiser son rôle devant les juges Halphen puis Desmure, mais il est évident qu'elle ne pourra éviter longtemps la mise en examen.

Le 10 septembre 1996, la voilà donc licenciée du RPR. Licenciée ? Oui, apparemment lâchée par le parti qu'elle tente de protéger. Il ne faudra pas plus de quelques mois à Chirac pour s'apercevoir du danger qu'il y a à laisser un tel témoin du passé dans la nature. En février 1997, le président de la République obtient de son vieil ami corrézien, Pierre Dauzier, qu'il embauche Louise-Yvonne

144

Casetta chez Havas-Voyages, une filiale importante de son groupe. De la même façon, plusieurs élus du RPR sont venus lui rapporter que Roussin s'agaçait qu'on le délaisse. Des amis de l'ancien ministre ont décrit un homme tour à tour amer et déprimé. « Vous ne pouvez pas le lâcher », ont-ils insisté. Le 1er janvier 1997, le président le promeut donc officier de la Légion d'honneur sur le contingent de Bernard Pons, l'un de ses fidèles, alors ministre des Transports. Ce n'est qu'une décoration, mais c'est encore un de ces petits gestes que le chef de l'Etat peut faire. A l'Elysée, cependant, l'équipe présidentielle a l'impression qu'elle ne fait plus que boucher désespérément de multiples voies d'eau.

12.

« Il ne faut pas humilier Jean »

Les juges ont donc attaqué sur tous les fronts. Mais c'est encore à Paris que leur action est la plus spectaculaire. Michel Roussin, Georges Pérol, Jean-Claude Méry peuvent bien être au cœur des secrets du système chiraquien, il y a un nom qui parle bien plus à l'opinion : Jean Tiberi.

Chirac a choisi lui-même pour successeur à la mairie de Paris, en mai 1995, celui que son entourage ne considérait pourtant que comme un « porte-coton ». Bien sûr, il aurait préféré Juppé, mais celui-ci a opté pour Bordeaux. Et Philippe Séguin, à qui Chirac a proposé la mairie en récompense de son aide pendant la campagne présidentielle, a cru bon de décliner l'offre. Le jour où Jean a été choisi, Bernadette a dit tout haut ce que son mari pense tout bas : « Il nous a rendu tellement de services... » Car le « porte-coton » n'a pas ménagé sa peine, depuis près de vingt ans. Pendant des années, il a assumé à la place de Chirac une bonne partie des obligations du maire. Dossiers, conférences de presse, rapport avec les élus. Combien de

146

fois a-t-il répondu aux appels de dernière minute de Chirac : « Jean, j'ai un type qui m'attend dans mon antichambre. Je n'ai pas le temps de le recevoir. Tu peux passer une petite demi-heure avec lui ? » Combien de fois Tiberi a-t-il accompagné Bernadette à des concerts ou des festivals de danse ? Tiberi était une doublure. Mais voilà que Chirac a choisi de lui donner le premier rôle. Evidemment, le casting ne plaît pas de la même façon au public. En juin 1995, six semaines après le sacre de Chirac à la présidentielle, les Parisiens ont montré qu'ils n'étaient pas aussi enthousiastes. Aux municipales, six arrondissements sont passés à gauche. Alain Juppé en a tiré cette conclusion qui résume, pour tout le monde, les choses : « Paris sans Chirac, ce n'est plus Paris avec Chirac. »

Depuis que les juges enquêtent autour de la mairie, Tiberi fait figure de maillon faible. Dès le début de son mandat, la presse et la justice se sont emparées du personnage et de sa famille. Les enfants du maire, Dominique et Hélène, occupent tous deux un appartement de la ville de Paris, au cœur de la capitale, pour un loyer modéré, pendant qu'ils louent chacun l'appartement dont ils sont propriétaires. Pire, la mairie a fait réaliser des travaux coûteux pour aménager et décorer ces appartements. Et ce n'est pas tout. Passe encore qu'il ait fallu recaser, en 1994, le fils Tiberi, Dominique, au cabinet du ministre chargé des Relations avec le Parlement, Roger Romani. Mais celui-ci a continué à être payé par Air France. Une fois l'élection présidentielle passée et pour éviter le scandale, le Premier ministre Alain Juppé avait fait rembourser à Air France, sur les fonds secrets de Matignon, le montant des salaires perçus. Quand la justice enquête sur les 200 000 francs du faux rapport de Xavière, Juppé trouve que cela commence à faire beaucoup. « Je ne veux pas être entravé par des scandales qui ne tiennent certainement pas à mes propres pratiques », a-t-il fait savoir à l'Elysée. Surtout, Juppé commence à trouver dangereuses les manœuvres de son ministre de la Justice pour sauver le soldat Tiberi. Déjà, il a été difficile de préserver la discrétion autour du classement, le 28 avril 1996, par le procureur de la République à Paris, Gabriel Bestard, des affaires d'appartements des enfants Tiberi. Mais l'affaire de l'hélicoptère envoyé dans l'Himalaya relève du grotesque. Juppé n'ignore pourtant pas ce que Toubon reconnaît lui-même, lorsqu'il reparle de l'épisode : « Je n'ai absolument pas agi pour protéger Tiberi. On se parlait à peine. Ce qui m'intéressait, c'était Chirac et le RPR. » Mais il commence à trouver que celui qui devrait faire office de rempart tourne à l'incendiaire.

Le président a toujours conçu son ancien premier adjoint Tiberi comme un fidèle fusible. Suffisamment fidèle pour lui succéder et conserver les secrets du passé parisien de Chirac. Suffisamment fusible pour s'effacer quand il n'aurait plus d'utilité. Le président s'inquiète pourtant qu'on lui rapporte que Tiberi commence à dire autour de lui : « Après tout, je suis aussi bien que Chirac comme maire de

Paris [1]. » Il ne voudrait pas que l'autre en vienne à s'emballer. Il est d'ailleurs convaincu que les juges sont avant tout des politiques et qu'ils mettront une sourdine aux enquêtes sur Tiberi s'ils comprennent que celui-ci n'est plus l'homme clé de Paris.

Au plus fort de la tempête judiciaire, déjà, il a tenté de convaincre doucement Tiberi de se faire discret et de ne plus répéter à-tout-va qu'il se représentera. En octobre 1996, il l'a reçu à l'Elysée pour une de ces petites réunions dont il a le secret. Pour ce faire, il a fait venir son conseiller en opinion, Frédéric de Saint-Sernin, qui a tout spécialement commandé un sondage sur le maire. Chirac sait fort bien que les résultats en sont accablants, mais il fait comme s'il découvrait l'enquête en même temps que Tiberi. « Alors, Frédéric, quelle est ton analyse de l'opinion ? » Et Saint-Sernin n'y est pas allé de main morte. « Son image était désastreuse, dit aujourd'hui le conseiller du président, et j'ai donc souligné combien cela pourrait poser un problème pour l'avenir. » Chirac a pris une mine de circonstance. Tiberi, lui, croit bon d'assurer : « Je ne ferai rien qui puisse faire perdre mon camp. »

Mais en attendant, il faut maintenir la tête hors de l'eau au maire de Paris. D'abord parce qu'il tient la puissante fédération de Paris, soit 5 % des militants du RPR. Ensuite, parce qu'il ne faut pas laisser à la gauche la moindre chance de prendre la capitale, sa puissance financière et politique et ses

---

1. Rapporté par Bruno Dive et Guillaume Tabard dans *Les Amis de l'Hôtel de Ville*, Plon, 2000.

archives. Enfin et surtout, parce qu'il faut éviter que la gangrène des affaires ne prenne au-delà. Et n'arrive jusqu'au chef de l'Etat.

L'Elysée se démène d'ailleurs comme un beau diable pour continuer à empêcher l'extension de l'incendie. Et il y faut de l'énergie, tant les juges enquêtent désormais tous azimuts : faux électeurs, HLM de la ville de Paris, emplois fictifs, tout le passé d'un système remonte à la surface. Même si la dissolution désastreuse a amené la gauche au pouvoir, le président fait donc jouer largement ses relations, ses réseaux et son sens des alliances pour limiter les scandales qui touchent la mairie et qui pourraient l'atteindre.

Le 20 février 1998, il a vu avec satisfaction le Conseil constitutionnel, présidé par Roland Dumas, valider l'élection de Tiberi. Tout en admettant que l'inscription de nombreux électeurs du 5e arrondissement pouvait être suspectée de fraude !

Faut-il y voir un échange d'intérêts bien compris ? Lorsque, le 29 avril 1998, Roland Dumas est mis en examen pour complicité et recel d'abus de biens sociaux dans l'affaire Elf, il trouve à l'Elysée une protection constante. Le 14 juillet, alors que des voix s'élèvent pour réclamer sa démission de la présidence du Conseil constitutionnel, Jacques Chirac assure en direct à la télévision que « le bon fonctionnement de l'institution essentielle de la République qu'est le Conseil constitutionnel n'est pas en cause ». Depuis, les chiraquiens sont les plus acharnés soutiens de Dumas. Certes, Jean-Louis Debré, Philippe Séguin et les conseillers de l'Elysée ne célèbrent pas à haute voix la morale et la vertu du vieux compagnon de François Mitterrand. Ils savent trop bien à quoi s'en tenir sur le sujet. Ce n'est pas un ami qu'ils soutiennent. C'est une digue qu'ils élèvent, en expliquant d'abord qu'aucune personnalité, même investie d'une haute responsabilité publique, ne doit être contrainte à la démission par le simple effet du soupçon.

C'est bien pour cela que le président est furieux de voir Jacques Toubon, qui, depuis la dissolution, enrage décidément de ne pas avoir obtenu d'être le successeur de Chirac à la mairie, tenter, le 6 avril 1998, un putsch. Car le président l'a dit carrément à son vieux complice : « Il ne faut pas déstabiliser Tiberi. Si l'on ouvre la boîte de Pandore... » Et la boîte de Pandore paraît carrément béante. Car désormais, non seulement les juges continuent leur progression, mais les Tiberi sont entrés en résistance. « Je crois que dès ce moment-là, raconte aujourd'hui Frédéric de Saint-Sernin, le président a compris que Tiberi irait désormais jusqu'au bout. » Dominique de Villepin a eu beau téléphoner à bon nombre de conseillers pour les dissuader de se rallier au putschiste Toubon, Tiberi est déchaîné contre l'Elysée et flingue à-tout-va. Pire encore, Xavière multiplie les menaces à peine voilées, affirmant qu'elle ne veut pas que son mari « paye un trop lourd tribut à ce qui s'est passé avant lui ». L'Elysée n'a que trop bien compris. Villepin peut bien s'acharner à dire : « Si Tiberi avait à sortir des dossiers, cela fait longtemps qu'il l'aurait fait », Chirac sait, lui, qu'il vaut mieux « ne pas humilier Jean ».

Il est pourtant devenu impossible de laisser son sort judiciaire et politique suspendu au silence d'une poignée d'hommes qui furent ses collaborateurs. L'arrivée de la gauche au pouvoir a considérablement ralenti les possibilités de contrôler la justice. Il faut trouver un autre moyen de protéger le président. Et vite.

Le 22 janvier 1999, les neuf membres du Conseil constitutionnel tiennent séance. Ils sont tous là, les deux fidèles de la mitterrandie Georges Abadie et Jean-Claude Colliard, l'ancienne ministre centriste Simone Veil et l'ex-directeur de Sciences-Po Alain Lancelot. Sans oublier Michel Ameller, qui fut désigné par Philippe Séguin, Pierre Mazeaud, ancien député, fin juriste et formidable copain des années limousines de Chirac, Yves Guéna, gaulliste sourcilleux qui cache un humour ravageur sous un regard de tragédien épuisé, la benjamine du Conseil, Noëlle Lenoir, et leur président, Roland Dumas. Ce jour-là, les neuf sages du Conseil doivent examiner la conformité à la Constitution de la partie du traité de Rome qui crée la Cour pénale internationale. Cette Cour devra juger, en cas de crimes de guerre et de crimes contre l'humanité, tout un chacun « sans aucune distinction fondée sur la qualité officielle ». Du simple soldat au chef de l'Etat. C'est Noëlle Lenoir qui a préparé le rapport qui servira de base à la discussion. Mais chacun a reçu à l'avance, afin d'avoir le temps d'y réfléchir et d'en discuter, un dossier complet et un argumentaire. Sur la compatibilité de la Cour pénale internationale avec la Constitution de la Ve République, le rapport renvoie à un long argumentaire autour de l'article 68 de la Constitution qui stipule que « le président de la République, pour les actes accomplis dans l'exercice de ses fonctions et hors le cas de haute trahison, bénéficie d'une immunité ». Mais figure aussi, en fin d'analyse, une petite phrase proposant une interprétation de la Constitution qui revient à étendre ce privilège de juridiction aux délits qui pourraient avoir été accomplis par le chef de l'Etat avant sa prise de fonction, et ce pendant toute la durée de son mandat. Les conseillers ont-ils mesuré la portée de cette petite phrase, noyée au sein du rapport de Noëlle Lenoir ? Le coup, en tout cas, est génial. La machine infernale, pour la première fois, est bloquée.

Depuis plusieurs mois, déjà, depuis que le juge Desmure, qui mène son enquête sur le financement du RPR, progresse vers celui qui en était alors le président, le débat fait rage en effet sur la possibilité de mettre en cause le chef de l'Etat. La rumeur est revenue aux oreilles de Jacques Chirac : Desmure assure tranquillement qu'il « n'hésitera pas à remonter jusqu'au sommet ». Le 17 mai 1998, la ministre de la Justice a provoqué la fureur de l'Elysée en déclarant tranquillement sur Europe 1 que « l'article 68 de la Constitution précise que le président est irresponsable pour les actes qui relèvent de sa fonction. Mais comme tous les Français, il peut être traduit devant les tribunaux s'il a commis des délits ». Le président a pris cela comme une invite de la garde des Sceaux aux juges désireux de l'interpeller.

153

Mais ce 22 janvier 1999, autour de la table du Conseil constitutionnel, ce débat n'a même pas lieu. Car Roland Dumas soumet chaque phrase à la discussion, sauf cette petite incise qui étend pourtant formidablement l'immunité du président. Lui-même intervient à peine, « je ne veux pas peser sur les débats », dit-il en souriant. Pour finir, il fait voter sur le texte final : le rappel de l'article 68 de la Constitution agrémenté d'un « au surplus, pendant la durée de ses fonctions, sa responsabilité pénale ne peut être mise en cause que devant la Haute Cour de justice ». Les neuf membres du Conseil votent le texte et son « au surplus ». « Cette incise est arrivée en dernier, reconnaît aujourd'hui Simone Veil, et n'a pas été soumise à un vote particulier. » « L'eût-elle été, ajoutent les autres membres, que nous l'aurions approuvée tant chacun était convaincu, comme la plupart des constitutionnalistes de l'époque, de sa nécessité. » Quoi qu'il en soit, la petite phrase a son effet : désormais, le président de la République est judiciairement intouchable.

La politique n'est-elle donc qu'une cynique affaire d'intérêt ? Faut-il croire que Jacques Chirac ait ensuite volontairement lâché Roland Dumas une fois qu'il ne lui était plus d'aucune utilité ? Faut-il considérer qu'il ne pouvait plus décemment soutenir un président du Conseil constitutionnel définitivement décrédibilisé par le scandale ? Il ne faut pas deux mois, en tout cas, pour que l'Elysée se laisse gagner par les sirènes de tous ceux qui, depuis près d'un an, assurent que le maintien de Dumas à la

154

tête de la plus haute institution sape les fondements mêmes de la République. Pierre Mazeaud, qui fait partie de ces visiteurs du dimanche à l'Elysée, vient désormais raconter l'embarras de chacun. Il explique qu'avec lui, Yves Guéna, Simone Veil, Noëlle Lenoir et Michel Ameller s'apprêtent à faire une démarche pour conjurer Dumas de partir. Chirac a compris qu'au sein du Conseil même, Dumas a perdu la majorité. Désormais, il serait maladroit de ne pas se plier aux réalités...

Ses relais montent donc au créneau. Le 21 mars, le président du RPR Philippe Séguin, qui défendait il y a encore quelques mois la présomption d'innocence, juge désormais que le scandale est allé trop loin. Le 22, c'est au tour de Jean-Louis Debré d'assurer qu'« aujourd'hui, la présence de Roland Dumas à la tête du Conseil pose un certain nombre de problèmes ». Dumas ne peut pas résister bien longtemps. Le 24 mars, après avoir réuni ses huit collègues, il publie un communiqué dans lequel il décide de « suspendre l'exercice de ses fonctions au Conseil ». Il laisse l'assemblée à son soulagement général et le président de la République à son immunité.

C'est aussi à partir de là que le miraculé commence à juger que les Tiberi sont décidément bien encombrants. Chirac tente-t-il encore de dissuader Tiberi de se représenter ? « Il ne m'a jamais demandé de ne pas être candidat », affirme aujourd'hui le premier concerné, avant d'ajouter : « Non, il n'a jamais osé. » Osé ? Chirac n'a jamais aimé dire les choses désagréables et Tiberi ne veut surtout pas en entendre. Pourtant, il semble bien que le président ait alors tenté de négocier. Ou du moins de calmer Jean et Xavière. Le dimanche 7 novembre 1999, il reçoit ainsi Tiberi à l'Elysée. Deux jours auparavant, il s'est informé très précisément de l'état d'esprit du maire de Paris. Chirac dispose en effet de plusieurs relais à l'Hôtel de Ville capables de lui décrire chaque jour et en détail les débats et les rumeurs, les alliances et les réunions orageuses de ce petit milieu dont il connaît tous les pro-tagonistes. Maurice Ulrich, son conseiller, Roger Romani, chargé de mission à l'Elysée et président du groupe RPR au conseil de Paris, Bernard Niquet, ancien directeur général de la communication de la ville devenu le collaborateur de Bernadette Chirac, Jérôme Grand d'Esnon, directeur des affaires juridiques de la ville et qui fut le secrétaire général de l'association de financement de la campagne présidentielle de Chirac en 1995, sont autant d'informateurs du chef de l'Etat. Depuis septembre 1998, surtout, Chirac a demandé à Jérôme Peyrat, son porte-parole adjoint à l'Elysée, de venir prendre la direction de la communication de la ville. C'est ce dernier qui a fourni au président la note la plus détaillée sur l'état d'esprit des Tiberi.

Il y dépeint un maire acculé, meurtri par les affaires et passablement déprimé depuis que Xavier Dugoin, en plein procès des emplois fictifs du conseil général de l'Essonne, l'a directement mis en cause. « Je sentais Tiberi faiblir, raconte aujourd'hui Peyrat. Il disait de plus en plus souvent en réunion : "Ah, je vois bien ce que l'on attend de moi", ou

156

encore : "Expliquez bien à tout le monde que je ne vais pas laisser la place comme ça !" Bref, il semblait vouloir négocier son abandon. » Ce que Peyrat propose donc, dans sa note, n'est rien moins qu'une sortie des Tiberi « par le haut ». Chirac a demandé si Tiberi souhaitait des « compensations ». Les voilà, donc. Le maire le répète suffisamment pour que le message soit bien compris par l'Elysée : il veut d'abord que l'on reconnaisse son bilan. Il rêve d'obtenir, sans avoir à la demander, la reconnaissance de son propre camp. Voilà pour son honneur. Ensuite, il veut des garanties pour ses proches. Jean et Xavière Tiberi ont tous les jours sous les yeux, depuis vingt ans, leur vieux rival et complice Jacques Dominati. Dominati est corse comme eux. Lui aussi est au courant des mœurs et coutumes de la mairie au temps glorieux des Chirac. Mais plus qu'eux encore, il est un chef de clan. Depuis plus de dix ans, il s'acharne à faire de ses fils, Philippe et Laurent, ses successeurs dans les postes et prébendes qu'offre la mairie. C'est parce qu'ils veulent à tout prix soigner leur famille comme Dominati a soigné la sienne que les Tiberi poussent notamment leur fils, Dominique, à faire de la politique, au grand dam des responsables du RPR. Peyrat propose donc qu'il soit fait une place au fils, lors des municipales, si l'on doit écarter le père. Il propose que l'on offre quelques garanties de recasage à des proches, le secrétaire général de la mairie Bernard Bled, le chef de cabinet Jean-José Gramond, le responsable des « grands projets » Claude Comiti.

Le président a pris bonne note du chemin qu'il a à faire, lorsqu'il reçoit Jean Tiberi. Mais il veut que ce dernier, en contrepartie, cesse d'évoquer sa candidature. Le 23 novembre, lorsque le maire de Paris signe dans *Le Monde* une tribune intitulée « Pourquoi je reste », il s'agit donc surtout de mettre fin aux rumeurs qui le disent démission-naire. Mais respectant le pacte implicite qu'il a passé avec l'Elysée, il ne dit pas un mot des élec-tions. Chirac, de son côté, donne quelques gages. Le 9 décembre 1999, il décore lui-même de la Légion d'honneur Jean-José Gramond.

Seulement les Tiberi ne sont pas sots. Ils ont bien noté que, depuis deux ans déjà, Claude Chirac et Annie Lhéritier, la chef de cabinet du président, maintiennent avec habileté un subtil « cordon sani-taire » afin d'éviter que le président n'apparaisse trop souvent en photo aux côtés des Tiberi. « Il continue de faire le mort », s'exaspère chaque fois Xavière. C'est elle qui va convaincre son mari de reprendre l'initiative.

Le 14 décembre 1999, Mme Tiberi bénéficie d'une annulation de procédure dans l'affaire de son emploi au conseil général de l'Essonne. Le même jour, son mari obtient à l'arraché, mais à l'unani-mité de sa majorité, le vote de son budget. Dès lors, Chirac se doute bien que l'accablement du couple sera de courte durée. De fait, le 17 décembre, Tiberi annonce que, non seulement il sera « maire jus-qu'en 2001 », mais encore qu'il sera « candidat » à sa propre succession. A ceux qui s'enquièrent auprès de lui de l'attitude publique à adopter sur le « cas Tiberi », Chirac assure désormais : « Arrêtez de taper sur lui ou vous allez le renforcer dans sa

détermination. » Lui-même se lance, le 5 janvier
2000, lors des vœux que lui présente le conseil de
Paris à l'Elysée, dans un vibrant éloge du bilan de
Tiberi. Mais à Bernard Pons qu'il reçoit en septembre 2000, il confie : « Est-ce que tu te rends
compte que lorsque Jean et Xavière parlent de Bernadette et moi, ils disent maintenant "ces gens-
là" ? » Seulement voilà, le président ne peut plus se
désolidariser de façon trop voyante des Tiberi. « Il
a été assez bluffé par leur ténacité », expliquent ses
collaborateurs. Ses adversaires ont une explication
plus prosaïque. Alain Madelin, qui n'a pas par-
donné à Chirac d'avoir laissé Alain Juppé le renvoyer de son ministère de l'Economie, en août
1995, a la rancune tenace. Et que dit-il quand on
lui parle de Paris ? « Si Chirac utilisait un dossier
contre Tiberi, ce serait comme cracher en l'air,
non ? »

13.

Le jour où Méry ressuscita
d'entre les morts

Depuis plusieurs semaines, ils savent que la cassette circule. Ils savent qu'une bonne dizaine de journalistes l'ont déjà vue. Une note des Renseignements généraux a signalé l'existence de cette incroyable vidéo enregistrée par l'homme clé du financement du RPR et la rumeur commence à bruisser dans les dîners parisiens. Dans le petit milieu des gens bien informés, on évoque déjà une vengeance surprise de ce promoteur immobilier si central dans les affaires occultes de la capitale qu'on l'appelait encore, dans les articles qui rendirent compte de sa mort, « Méry de Paris ». L'homme passait pour n'avoir jamais parlé ? Voilà son dernier pied de nez.

La rumeur d'une vidéo laissée à la postérité est donc vite arrivée jusqu'à la petite équipe présidentielle. Un patron de rédaction d'une chaîne de télévision a directement sondé l'Elysée : « On nous propose le témoignage de Jean-Claude Méry, enregistré avant sa mort. Il décrit le système de commissions sur les marchés d'Ile-de-France, le financement occulte du RPR et implique le président. » Il a dit cela devant Dominique de Villepin avec un brin de scepticisme. Tous ceux, d'ailleurs, qui évoquent le sujet avec le secrétaire général prennent l'affaire avec des pincettes. Comment pourraient-ils faire autrement quand ils voient l'Elysée balayer tout cela d'un revers de main : cette cassette ? Un truc de barbouze !

Tout de même, Villepin s'est renseigné plus avant. On lui a rapporté que les images sont de mauvaise qualité, trop statiques, sans mise en scène aucune, mais que le producteur, Arnaud Hamelin, souhaite une diffusion totale de son document pour un prix assez substantiel. On lui a aussi confié que les chaînes hésitent à diffuser le témoignage de ce Méry, quasi inconnu du grand public. Elles craignent la manipulation, les mises en cause sans preuve. Et puis, comment le programmer ? Soit le document est considéré comme explosif et il faut le diffuser à une heure décente au risque de voir les téléspectateurs déserter. Soit il est relégué aux petites heures de la nuit, sans plus de crédit qu'un documentaire classique, mais alors, pourquoi l'acheter et le diffuser ? Villepin croit aussi que la télévision publique hésitera à mettre en cause le président et que les chaînes privées ne voudront surtout pas insulter leurs actionnaires. Bouygues, la Lyonnaise des Eaux, la Compagnie générale des eaux devenue Vivendi, toutes citées dans ces sales affaires de marchés publics surfacturés, ne sont-elles pas parties prenantes de TF 1, M 6 et Canal Plus ?

Pour autant, l'Elysée n'a toujours pas vu la cassette. Hamelin n'en a pas laissé de copie aux chaînes. La présidence sait donc seulement « en gros » la teneur de son témoignage. Chirac, lui, n'en a pas été informé. Mais Villepin est tranquille : depuis trois semaines que cette cassette circule, pas une image n'a encore été diffusée. Les télévisions semblent prêtes à renoncer.

Le 20 septembre 2000, pourtant, le directeur du *Monde*, Jean-Marie Colombani, appelle le secrétaire général de l'Elysée. Le quotidien aussi a vu la cassette. Hamelin, qui vient de comprendre qu'aucune chaîne ne lui achètera ses images, a décidé de forcer le marché. Il propose au *Monde* de publier gratuitement le script de son document, convaincu qu'une fois légitimé par le journal, les chaînes devront suivre et acheter ses images. Lorsque le patron du *Monde* appelle l'Elysée, c'est donc pour annoncer qu'il entamera le lendemain, dans le journal daté du 22 septembre, la publication de ce témoignage. Le président de la République y est gravement mis en cause, notamment lors d'une scène où Méry se décrit remettant à Michel Roussin, « en présence de M. Chirac », une valise de cinq millions de francs en liquide.

Cette fois, il faut prévenir le président. Jacques Chirac mesure-t-il la déflagration qui va se produire ? De Méry, il connaît presque tout. L'homme est dans son sillage depuis vingt ans. Pied-noir né à Casablanca, c'est le genre de personnalité qui aime l'argent avec ostentation et sait où le trouver. En 1982, alors que la gauche paraît désormais au pouvoir pour quelques années et que le RPR a besoin de financement, Chirac l'a fait nommer à la direction de la cellule logement du mouvement. La cellule logement ? Dans le RPR de cette époque, il ne s'agit pas de militer pour offrir à tous un abri décent, mais bien d'être désigné comme celui qui connaît le milieu du BTP et ses usages. Or Méry est si au fait de ce monde-là qu'il a mis en coupe réglée d'innombrables sociétés de construction et de maintenance : pour décrocher un contrat sur les HLM, les lycées, les commissariats, avec la ville de Paris, ou certaines collectivités locales d'Ile-de-France, il faut en passer par lui. Ce qui n'empêche pas Michel Roussin de démentir formellement toute implication dans ce système.

Faut-il pourtant que Méry soit un collecteur efficace pour qu'en 1986 on le propulse au comité central du RPR ! Certes, le comité central compte déjà une centaine de personnes à l'époque. Mais l'homme n'est pas élu et ne s'est pas spécialement fait remarquer jusque-là par sa contribution intellectuelle au RPR. En revanche, il n'est un secret pour aucun grand dirigeant du parti de l'époque qu'il négocie les attributions de marchés pour les entreprises et collecte ainsi des fonds, pour le mouvement d'abord, puis pour les autres partis afin d'acheter leur silence. Méry appelle cela « donner à manger à tout le monde ». On le sait très proche de Georges Pérol, l'ami corrézien, le maire RPR de Meymac que Chirac a nommé directeur général de l'OPAC de Paris. Il roule en grosse voiture, voyage en jet privé, déjeune aux meilleures tables, organise de luxueux week-ends de chasse et possède huit comptes bancaires.

Jacques Chirac sait aussi parfaitement que Méry a connu ses premiers ennuis en 1992, lorsque le fisc s'est intéressé aux comptes d'une énorme opération immobilière qu'il avait tenté de monter à Port-Vendres, dans les Pyrénées-Orientales. Le site était classé, mais Méry, très au fait des ressorts de la politique, a fait modifier le plan d'occupation des sols. Puis, il a invité le président du RPR à venir admirer, le 9 septembre 1989, sous l'œil des photographes, la maquette de ce port de plaisance baptisé, en toute mégalomanie, du nom de son propre père : port Pierre-Méry.

La vérité est que cet intermédiaire sulfureux fait partie d'un cercle essentiel et secret : celui qui organise les financements. On le voit beaucoup dans les cocktails de la mairie de Paris, il connaît bien des secrets de fonctionnement du RPR et a une totale liberté de moyens pour rapporter l'argent nécessaire. Seulement l'homme est voyant. Ses ambitions portuaires sont démesurées. Il est désormais financièrement fragile et politiquement dangereux.

C'est à partir de là que Méry est devenu un acteur embarrassant. Car Chirac, son cabinet, les trésoriers successifs du RPR, bref, la demi-douzaine de personnes qui savent comment le parti est largement financé commencent à s'inquiéter. Celui que l'on appelle alors « le gros » pèse non seulement 130 kilos mais aussi plusieurs centaines de millions de francs de dettes. L'échec de son port de plaisance l'a mis au bord de la faillite. Le type deviendra dangereux si l'on fait mine de le laisser s'étrangler.

Dès le retour de la droite au pouvoir, en 1993, le ministre du Budget Nicolas Sarkozy reçoit donc le dossier fiscal du promoteur au contentieux déjà depuis un an. « Un truc monstrueux. Un redressement énorme », dit aujourd'hui Sarkozy. S'il n'avait pas encore saisi la délicatesse du dossier, le ministre comprend vite qu'il tient là un sujet explosif. « J'ai tout de suite fait l'objet de pressions, raconte-t-il, de la part de Jacques Chirac comme de la part d'Edouard Balladur. Aucun des deux ne voulait prendre le risque de voir Méry balancer Michel Roussin, notamment. L'un parce qu'il avait été son directeur de cabinet, l'autre parce qu'il était devenu son ministre. » La politique d'amitiés, de proximité devient dangereuse lorsque se profile le spectre d'une affaire retentissante. Et Sarkozy, ancien protégé de Chirac devenu ministre par la volonté de Balladur, est trop intelligent pour prendre lui-même le gros risque d'intervenir. Car l'administration fiscale, pour une fois très zélée, a déjà transmis le dossier à la justice. Et seul un ordre écrit du ministre peut désormais bloquer la procédure. « Je signais l'ordre et je me retrouvais quelques années après devant la Cour de justice de la République », conclut Sarkozy. Il ne lèvera pas le petit doigt.

Méry est donc emprisonné cinq mois, en pleine campagne électorale. Lorsqu'il sort de prison, en mars 1995, à peine deux mois avant la présidentielle, on lui fait passer quelques messages. Un émissaire de la ville de Paris est allé le voir. Il en est revenu avec l'image d'un homme brisé, considérablement amaigri, humilié d'avoir vu sa femme déposer sa demande de divorce à la prison et sa fille cadette, animatrice de télévision, changer de nom.

Les initiés suivent désormais les épisodes de sa chute, de loin en loin. Ils apprennent que le cancer le ronge. Qu'il se meurt presque seul – hormis les seules visites de ses deux filles – dans le service d'oncologie de la Salpêtrière puis dans un hôpital de la banlieue parisienne. Que l'enterrement a eu lieu devant moins d'une dizaine de personnes. Dans les journaux, la nouvelle de sa mort fait l'objet de petits articles qui concluent tous sur une certitude : Méry s'est éteint sans avoir parlé au juge Halphen. Et voilà que soudain, il resurgit d'outre-tombe !

Lorsque Dominique de Villepin lui rapporte les intentions du *Monde,* le président a pourtant à peine un geste d'agacement. Chirac affiche souvent cette fausse placidité dans la difficulté. Il n'y peut rien, mais tant qu'il ne voit pas franchement l'adversaire, il ne se figure pas le combat. Et pour l'instant, il n'a pas encore vu les images de cet homme en chemise blanche et bretelles qui décortique le racket exercé sur les entreprises avant d'affirmer : « C'est uniquement aux ordres de M. Chirac que nous travaillions. »

Le secrétaire général de l'Elysée et Claude Chirac, eux, savent bien que la situation est difficile. Ce n'est pas tant qu'ils aient mesuré l'impact que va avoir cette cassette, mais ils ont vite calculé la marge de manœuvre qui leur reste. Le lendemain, 21 septembre, l'Elysée a organisé depuis plusieurs semaines un voyage présidentiel en Charente, dans le fief de son ami, le sénateur Jean-Pierre Raffarin. Une interview en direct sur France 3 est prévue. Bien sûr, on pourrait annuler l'émission, inventer

166

un prétexte. Mais ce n'est ni le tempérament du président ni le conseil de sa fille et du secrétaire général qui tombent d'accord pour juger qu'on ne pourra esquiver l'obstacle. Alors que, depuis toujours, Chirac évite les questions sur le sujet, il va devoir répondre pour la première fois sur sa propre implication dans les affaires de financement d'un parti qu'il dirige depuis près de vingt ans. En direct. Et à chaud. C'est plus qu'un défi : un pari sur ses capacités à faire front.

Le président débarque donc le jeudi 21 septembre à Rouillac, un petit village de Charente, par grand beau temps. Il y a là une centaine d'élus locaux, le préfet, les gardes du corps, Claude Chirac et la petite suite présidentielle. Il y a aussi les journalistes de la presse régionale et ceux qui, pour les rédactions nationales, suivent le président dans tous ses déplacements. Ceux-là viennent d'apprendre que *Le Monde* sortira à 13 heures avec en une « Le testament de Jean-Claude Méry ». Et la terrible sarabande commence.

Le chef de l'Etat avait prévu de serrer les mains de chacun, mais il ne peut plus faire un pas sans voir se tendre vers lui des dizaines de micros tenaces : « Monsieur le président, une réaction sur les accusations de Jean-Claude Méry ? » Même Claude, sa fille, ne sait plus trop comment canaliser la meute. Jamais un président en exercice n'a été soumis à une telle humiliation. Jamais un chef d'Etat français n'a été ainsi interpellé, directement, comme le font les journalistes américains avec leurs présidents.

Les gardes du corps ont reçu la consigne de ne pas laisser approcher les journalistes à moins de

167

quatre mètres, mais ils ne peuvent plus rien empêcher et Chirac lui-même n'a qu'un geste las : « Lais-
sez-les. De toute façon, je ne leur répondrai pas. »
En retrait, les collaborateurs de l'Elysée assistent,
impuissants et effarés, au bain de foule le plus hou-
leux auquel il leur ait jamais été donné d'assister.
Pour la première fois, le président se voit personnellement interpellé.

A l'Elysée, pourtant, la contre-attaque s'est mise
en place, dans ce mélange d'improvisation et de
maîtrise qui caractérise l'organisation présidentielle
en période de crise.

En Charente, le chef de l'Etat vient de lire d'un
air absent un discours sur la démocratie sociale :
« Les silences de notre démocratie entre deux scrutins nationaux sont trop longs, trop lourds, trop
profonds, malgré l'intensité des débats politiques et
la vigueur, dans notre pays, des querelles entre partis »... Mais à peine descendu de la tribune, il téléphone déjà à Dominique de Villepin. De son
bureau parisien, le secrétaire général de l'Elysée a
rédigé le communiqué que la porte-parole Cathe-
rine Colonna va lire sur le perron du palais : « La
manière dont le président de la République est mis
en cause aujourd'hui par un quotidien est indigne.
Les allégations rapportées sont mensongères. Le
procédé qui consiste à faire parler un mort autorise
toutes les manipulations. Il s'appuie sur un enregistrement réalisé il y a quatre ans, par une personne
décédée depuis plus d'un an. L'intéressé, mis en
examen, a été amené à de nombreuses reprises à
s'expliquer devant la justice, dans des conditions

qui, elles, garantissent l'authenticité et la sincérité de ses propos. Il l'a fait avant et après cet enregistrement, qui est totalement contradictoire avec ses multiples auditions devant le juge. Ce document doit donc être, sans délai, transmis au procureur de la République de Créteil, afin de s'assurer des conditions dans lesquelles il a été réalisé et soustrait à la justice. Dans une démocratie, la justice doit l'emporter sur la calomnie. »

Dans toute bataille, le sang-froid affiché du chef est un élément décisif. Chirac le sait plus que tout autre, lui qui a déjà vécu tant de défaites. Face à la presse, face aux élus, face aux badauds qui l'attendent pour le saluer, il affiche donc un visage sans faille. Mais dans la voiture qui l'emmène, avec Jean-Pierre Raffarin, jusqu'à Angoulême, il explose : « Voilà la première traîtrise ! Ah, on veut que cette campagne présidentielle prenne ce tour-là, eh bien, je ne me laisserai pas faire ! Sortir ce Méry que je ne connais même pas ! Ils vont voir ! Je me battrai. » Tout Chirac est là : un mensonge même devant ses fidèles et le goût du combat. En sortant de voiture, Chirac lâche : « Je me vengerai. » Seulement, il faut encore tenir. Et la partie n'est pas gagnée.

On lui a organisé une visite au pôle image du Centre national de la bande dessinée, à Angoulême. C'est Laurent Juppé, le fils de son ancien Premier ministre, qui dirige un des projets de production de dessins animés en trois dimensions. Chirac connaît le jeune homme depuis toujours et, lorsqu'il y a quelques semaines Claude Chirac est venue repérer les lieux, la fille du président a jugé formidable que

ce soit lui qui montre la dernière création de sa
société XD Production. On sera ainsi entre amis.
Personne n'a tiqué lorsqu'on a évoqué le sujet du
dessin animé : Pinocchio. Mais maintenant que le
scandale Méry phagocyte tout, la démonstration
menace de tourner à la farce. Bravement, le président accepte pourtant de se plier à la petite
démonstration. On lui demande de converser avec
l'image animée. Faisant fi du maelström qui le
menace, Chirac se lance donc face à la créature :
« Euh, ça va bien chez toi ? » Le personnage
s'anime, tourne sur lui-même. Croyant bien faire,
un des créateurs du Pinocchio virtuel montre les
miracles de la technique. « Tu sais mentir ? » Le nez
de la figurine s'allonge. La torture n'aura-t-elle
donc pas de fin ?

14.

Cellule de crise à l'Elysée

Chirac vient de comprendre que les juges peuvent avoir sa peau. Et, bien sûr, compromettre une éventuelle réélection. Il voit bien que c'est une vague puissante, nouvelle, et que rien n'arrête plus ces magistrats. Ni les palais nationaux, ni la popularité des hommes, ni la légitimité des urnes, ni un avis du Conseil constitutionnel. Même le poids de l'Histoire paraît ne plus compter dans la balance de la justice. Et tout l'Occident connaît la même vague. Bill Clinton a vu sa vie sexuelle révélée au grand jour par un procureur ; les conservateurs anglais sont minés par les scandales depuis plusieurs années ; en Italie, la grande vague *mani pulite* a si bien lessivé la classe politique italienne que toute une génération a disparu. Mais, surtout, Chirac a découvert avec effroi que Kohl, Helmut Kohl, l'homme de la réunification allemande, le grand européen, a dû hypothéquer sa propre maison et débourser de sa poche 700 000 DM pour rembourser à son parti, la CDU, une part des 8 millions de DM détournés au profit de ses campagnes électo-

rales passées. Le président français en a été aba-
sourdi. Qu'on puisse ainsi réclamer ce qu'il
considère comme « le prix de la démocratie » à un
homme qui a tant fait pour son pays ! Il a été heurté
de voir l'opinion allemande vilipender son ancien
chancelier pour une vulgaire affaire de financement
de parti. Il a admiré l'attitude de ce chef déchu
refusant de donner les noms des anciens généreux
bienfaiteurs de la CDU. Depuis, il ne manque
jamais de lui transmettre des signes d'amitié. Mais
il s'exaspère et s'affole lorsqu'il lit dans *Le Monde*
du 30 mai 2000 que Valéry Giscard d'Estaing,
méprisant, a laissé tomber en parlant de lui : « Il
terminera comme Kohl... »

Depuis que la dissolution et l'arrivée de la gauche
au gouvernement lui ont ôté bon nombre des
leviers du pouvoir, Chirac a pourtant mis en place
à l'Elysée une sorte de cellule de crise censée limiter
les dégâts. Dominique de Villepin, qui avait vu son
aura largement pâlir après le désastre d'une dissolution dont il avait théorisé les effets bénéfiques, y a
vu un moyen de revenir en grâce. Villepin se pique
de connaître les dossiers noirs de la République. Il
adore lire les rapports des Renseignements généraux, fréquente quelques patrons de presse et a
noué des liens d'amitié avec des avocats. C'est donc
lui qui, tout naturellement, l'anime. Le petit groupe
est informel, mais il réunit le plus souvent, dans le
bureau du secrétaire général de l'Elysée, le conseiller chargé des questions judiciaires à la présidence
de la République, Jean-Claude Antonetti, magistrat
d'origine, et l'avocat Francis Szpiner. Au plus fort

des procédures engagées contre les Tiberi, l'avocat de Xavière Tiberi, Thierry Herzog, ami de Szpiner, a été largement consulté. Au lendemain de la dissolution, s'y étaient joints deux anciens collaborateurs d'Alain Juppé à Matignon, son ancien directeur de cabinet, Maurice Gourdault-Montagne, et son ex-conseiller pour les affaires de police, le préfet Jean-Michel Roulet, affecté par la suite au secrétariat général de la Défense nationale (SGDN).

La présence de proches d'Alain Juppé n'est évidemment pas fortuite puisque, au début, c'est bien la défense de l'ancien Premier ministre qui a paru prioritaire. Et Villepin, qui a été le directeur de cabinet de Juppé lorsque celui-ci était au Quai d'Orsay, de 1993 à 1995, déploie des trésors d'invention pour le protéger. Car les développements de l'enquête menée par le juge Patrick Desmure sur les emplois fictifs de la ville de Paris au bénéfice du RPR mènent à l'évidence vers celui qui a succédé à Chirac à la tête du mouvement gaulliste. En 1998, lorsqu'il est devenu évident que le juge Desmure aboutirait à une mise en examen de Juppé si rien n'était fait, la « cellule Villepin » a désespérément cherché un bouc émissaire susceptible de prendre sur lui la responsabilité des pratiques mises au jour par le magistrat. Mais les trois trésoriers successifs du RPR de 1988 à 1995 (la période qui intéressait le juge) se sont bien gardés de se sacrifier. Robert Galley, Jacques Boyon et Jacques Oudin ont tous affirmé que la prise en charge des permanents du parti par des entreprises et par la ville de Paris relevait d'abord de la direction du parti. Villepin a aussi longuement et plusieurs fois rencontré Louise-Yvonne Casetta, l'ancienne directrice administrative du RPR, que de nombreux témoins désignent comme « la banquière » du mouvement gaulliste, et dont le silence est devenu essentiel. Il veille aussi à placer auprès des mis en examen des avocats réputés proches du RPR, voire carrément les défenseurs d'Alain Juppé.

La petite cellule surveille aussi, comme le lait sur le feu, la façon dont Michel Roussin se débat devant les juges. Furieux de se voir si peu soutenu par son ancien patron à la mairie de Paris, Roussin s'est gardé de prendre un de ces avocats qui gravitent autour du RPR et de Jacques Chirac. Il a préféré choisir pour le défendre un spécialiste de la procédure, Me Pierre Haïk, qui combat pied à pied chaque acte pris à l'encontre de son client. Déjà, il a pu démontrer la fragilité des deux témoignages qui semblaient les plus accablants pour Roussin, dans le dossier instruit par le juge Halphen : ceux de la secrétaire et du chauffeur de Jean-Claude Méry. Roussin a donc obtenu un non-lieu en décembre 1995. Mais il est resté dans l'œil du cyclone. Car après les HLM de la ville de Paris, son nom est cité dans le dossier des emplois fictifs puisqu'il a été, en tant qu'ancien directeur de cabinet de Jacques Chirac, le signataire de plusieurs contrats d'embauche. Le 6 mai 1998, Villepin a donc reçu discrètement Roussin, en présence de son avocat Pierre Haïk [1]. Pour s'assurer de son silence ?

---

1. *Le Monde* du 28 mai 1998.

174

On ne peut pas y croire. Alors pourquoi ? Encore un mystère de plus.

Depuis, en tout cas, il ne se passe pas un mois sans que la cellule de crise ait à frémir devant les avancées d'une procédure. Déjà, depuis le début des affaires, des dizaines d'élus, d'anciens conseillers, de chefs d'entreprise ont été mis en examen. Le 25 août 1998, c'est au tour d'Alain Juppé. Et désormais, son avocat Francis Szpiner multiplie les recours. « L'essentiel est qu'il n'y ait pas de procès avant la présidentielle », assure-t-il.

Il n'est pas certain que cette stratégie ait été la bonne. Car en ralentissant le cours de l'enquête, elle multiplie les occasions d'investiguer. Or les témoins commencent à parler. Des pratiques en cours à la mairie de Paris, de Roussin, de Juppé mais aussi... de Chirac. Jusque-là, il n'a été qu'une ombre planant sur les procédures. Certes, l'ancien trésorier du RPR Robert Galley a expliqué au juge Desmure que Chirac lui avait demandé des « efforts d'imagination » pour alimenter les caisses du RPR. Mais ce n'est pas encore une accusation précise. Et depuis la décision du Conseil constitutionnel, le 22 janvier 1999, Chirac paraît à l'abri, sinon des soupçons, au moins des procédures.

Le juge Desmure, pourtant, approche. Il a, pardevers lui, une pièce à conviction signée de la main de Jacques Chirac, datée du 16 décembre 1993. Au détour d'une note, Chirac recommande la promotion d'une secrétaire salariée de la ville de Paris dont le « dévouement » est « exemplaire » au profit du RPR. Dans ces affaires, plusieurs dizaines de personnes sont mises en examen pour moins que cela. Mais le juge Desmure explique cependant, le 15 avril 1995, que « la mise en évidence de faits susceptibles d'être imputés à M. Chirac à titre personnel »... l'empêche de poursuivre puisque celui-ci est protégé depuis l'avis du Conseil constitutionnel.

Depuis, la cassette enregistrée par Jean-Claude Méry est l'élément le plus spectaculairement accusateur qu'il ait jamais eu à affronter. Ce 21 septembre 2000 où *Le Monde* publie la première partie du témoignage posthume de Méry, la cellule de crise de l'Elysée est donc sur des charbons ardents. Mais Francis Szpiner, Jean-Claude Antonetti ont déjà prévenu qu'il serait impossible, pour les juges, d'utiliser la cassette comme pièce à conviction. L'avis du Conseil constitutionnel a donné une immunité quasi inattaquable au président. Reste l'effet politique d'un tel document. Et Chirac sait bien que celui-ci peut être ravageur. L'interview prévue à France 3 est donc essentielle dans la contre-offensive qu'il veut tenter.

La façon dont se prépare, à chaud, cette interview est exemplaire du fonctionnement de la cellule de crise que dirige Villepin. Car Chirac, qui a dû continuer à assumer le programme officiellement défini, n'a eu qu'une heure pour se préparer. Mais toute son équipe s'est déjà mise en posture de combat. Dans la salle de la préfecture d'Angoulême, la chef de cabinet de l'Elysée, Annie Lhéritier, le secrétaire général adjoint, Philippe Bas, ont préparé leurs fiches. Claude Chirac a négocié avec France 3 le temps qui serait consacré à l'affaire Méry : « Je comprends que vous commenciez par cela, mais on ne va pas y passer tout le temps qui nous est imparti, n'est-ce pas ? » Les deux jeunes attachés de presse de l'Elysée, Laurent Glépin et Frédérique Bayre, ont été envoyés auprès de la trentaine de journalistes qui attendent l'intervention présidentielle. Ce sont eux qui prendront la température des journaux du lendemain et rapporteront les premières réactions de la presse à l'interview télévisée.

Mais c'est à Paris que s'est vraiment préparée la défense du président. Dominique de Villepin a passé la journée à téléphoner et à voir des spécialistes en communication, des juristes, des élus et tout ce petit monde qui le nourrit en informations diverses. Avec Nicolas Sarkozy, il a tenté d'anticiper les questions à venir. Avec l'avocat Francis Szpiner, il a cherché une formule, une expression qui disqualifie une fois pour toutes cette satanée cassette. « De Gaulle s'est approprié la maîtrise des événements en les identifiant d'un mot – quarteron, chienlit. Trouvons l'équivalent », se sont dit les deux compères. Ils pensent d'abord à « ubuesque », mais le mot d'Alfred Jarry est passablement galvaudé. Ils cherchent encore. La cassette est abracadabrante, non ? Et les voilà plongés dans le dictionnaire pour vérifier la définition du mot. A la fin de la notice, il y a ce vers d'Arthur Rimbaud : « O flots abracadabrantesques. » Formidable trouvaille ! Si la presse ne s'empare pas de cet abracadabrantesque, c'est à désespérer. Au téléphone, à Chirac qui cherche toujours comment contre-attaquer, Villepin a répété l'invention rimbaldienne.

Silencieux et concentré, le président s'est laissé maquiller. Ses collaborateurs lui ont entièrement écrit le texte de la réponse qu'il devra faire sur la cassette Méry. Quand la lumière rouge de la caméra s'allume, Chirac dit d'une voix ferme : « Aujourd'hui, on rapporte une histoire abracadabrantesque. On fait parler un homme mort il y a plus d'un an, on disserte sur des faits invraisemblables qui ont eu lieu il y a plus de quatorze ans. »

Qu'importe que les journalistes aient noté l'apparence de l'aveu que constitue l'emploi de ce présent : « Des faits invraisemblables qui ONT EU lieu il y a plus de quatorze ans. » Le mot du président a fait mouche et celui-ci a le sentiment d'avoir repoussé l'assaut. Le lendemain, dans la voiture qui l'emmène avec Jean-Pierre Raffarin vers une fabrique de tonneau près de Cognac, il est regonflé. Et confie seulement dans un souffle : « On va avoir des surprises, avec cette cassette... »

La cellule de crise de l'Elysée n'est pourtant pas au bout de ses peines. Car le témoignage posthume de Jean-Claude Méry a suscité la convoitise des juges. Eric Halphen, qui avait clos son instruction en octobre 1999, vient de rouvrir son enquête, sur la base de la cassette. Marc Brisset-Foucault et Armand Riberolles, en charge de l'instruction sur les marchés de la région Ile-de-France, ont eux aussi versé le document à leur dossier. Patrick Desmure, qui instruit à Nanterre la prise en charge de permanents du RPR par la ville de Paris ou par des entreprises privées, a ajouté une transcription de la vidéo à son enquête. En compagnie du juge Halphen, les policiers du 8ᵉ cabinet de délégation judiciaire cherchent des disquettes d'ordinateur que Méry affirme avoir laissées. Et l'Elysée suit pas à pas leurs investigations.

Faut-il croire les collaborateurs du président lorsqu'ils affirment aujourd'hui : « On croit toujours que nous avons des réseaux secrets, mais la cohabitation nous a coupés de la plupart de nos relais dans la police. Et la vérité est que nous apprenons les choses quelques instants à peine avant qu'elles ne soient rendues publiques. » En tout cas, le président est à peine rentré de Charente que Dominique de Villepin sait déjà que les policiers se sont rendus dans l'après-midi au siège de Sunset Presse, la société de production que dirige Arnaud Hamelin. L'Elysée dispose de suffisamment de réseaux parmi la police et la magistrature pour apprendre très vite que, durant leurs investigations, les policiers se sont aperçus que l'original de la cassette a disparu. Celui-ci, assure Hamelin, a été récupéré par celui-là même qui lui a amené Jean-Claude Méry : Mᵉ Alain Belot. Cet avocat fiscaliste a été l'un des trois défenseurs de Méry. Il est par ailleurs associé à un autre avocat, Allain Guilloux, négociateur lui aussi de remises fiscales pour ses clients et qui fut défenseur d'Hamelin lorsque celui-ci eut des difficultés avec le fisc. C'est parce qu'ils travaillent tous les deux en association que, lorsque Méry a voulu enregistrer sa confession [1], Guilloux a proposé le producteur à son

---

1. Le financier occulte du RPR craignait pour sa vie, assure Mᵉ Belot. Il avait appris, peu de temps avant d'enregistrer sa confession, que la commissaire des Renseignements géné-

confrère Belot. Mais l'Elysée apprend surtout que Belot a lâché une information incroyable aux policiers : ancien collaborateur de Dominique Strauss-Kahn à l'Assemblée nationale de 1988 à 1991, il a gardé, une fois devenu avocat fiscaliste, des contacts étroits avec celui qui est devenu en 1997 ministre de l'Economie, des Finances et de l'Industrie. En avril 1999, explique Me Belot, alors qu'il était venu évoquer avec Dominique Strauss-Kahn le dossier fiscal de l'un de ses plus gros clients, le couturier Karl Lagerfeld, il lui a remis, après l'entretien, la fameuse cassette.

La cellule de crise de l'Elysée n'a plus qu'à achever de monter la ligne de défense présidentielle : le président est la victime d'une manipulation politique, voilà le vrai scandale ! Le député Patrick Devedjian, ancien avocat de Jacques Chirac, qui a depuis peu rejoint à son tour la petite cellule, est chargé de porter l'accusation dans les médias. Seulement voilà, si la gauche est atteinte à son tour par l'affaire Méry, si Dominique Strauss-Kahn voit ses amis socialistes le fuir comme s'il avait la peste, le président n'en est pas lavé de tout soupçon pour autant. Déjà, Jean Tiberi, dont Méry dans son témoignage posthume a dressé le portrait comme celui d'un sous-fifre dans le système de financement occulte mis en place par la mairie de Paris et le

---

raux, Brigitte Henri, elle-même très au fait des affaires des HLM de la ville de Paris, avait été victime d'une violente agression et que sa voiture avait subi des accidents répétés et inexpliqués.

RPR, n'en finit pas de se répandre partout : « Je me suis toujours demandé pourquoi Chirac ne m'avait pas mis dans le coup, tout en m'en félicitant aujourd'hui. » Maintenant, d'un peu partout à droite, des députés viennent dire à Jérôme Monod, dans son bureau de l'Elysée, combien le chef de l'Etat est atteint. En l'absence de bilan politique et face à la faiblesse des projets portés par le président, il ne reste aux yeux de l'opinion que les affaires. Et l'Elysée y consacre désormais une partie déterminante de son temps.

Le jeune député socialiste Arnaud Montebourg, qui sillonne la France en dédicaçant un livre sévère pour le président : *La Machine à trahir*[1], fustige le climat nauséabond des affaires et le sentiment d'impunité du président. Il veut, dit-il, qu'il soit possible de renvoyer Chirac devant la Haute Cour, puisque les juges ne peuvent l'atteindre. Déjà, il cherche les signatures de députés nécessaires à son entreprise.

Le 16 décembre 2000, la cellule de crise de l'Elysée a encore dû préparer une nouvelle intervention du chef de l'Etat sur le sujet. « Je suis une victime permanente dans les affaires », assure Chirac, en assurant que les institutions elles-mêmes l'empêchent de répondre à un juge. Puis elle a dû faire face à un nouvel assaut, presque aussi spectaculaire que la cassette Méry. Le 20 mars 2001, le juge Halphen a adressé à « Monsieur Chirac Jacques » une convocation à témoigner dans l'enquête sur les HLM de Paris. Evidemment, depuis l'avis du

---

1. Denoël, 2000.

181

Conseil constitutionnel, il paraît clair que la mise en cause du président est impossible. Le juge lui-même le sait fort bien. Mais il paraît tenté de forcer le rempart qui protège le président.

La sauvegarde n'est donc pas suffisante. Même avec l'avis du Conseil constitutionnel qui lui accorde, depuis le 22 janvier 1999, un privilège de juridiction, le président reste menacé. D'abord parce que cet avis est mal compris par l'opinion qui juge anormal qu'un président refuse de témoigner comme doit le faire tout citoyen. Ensuite, parce qu'il n'arrête pas la progression des juges. Le 22 juin 2001, les juges d'instruction parisiens Armand Riberolles, Marc Brisset-Foucault et Renaud Van Ruymbeke ont perquisitionné dans une agence de voyages et découvert une série de séjours payés en liquide au bénéfice de Chirac, de sa belle-mère, de sa femme, de sa fille, de bonnes amies, de collaborateurs. Les vacances, les séjours professionnels, les escapades, tout risque d'être mis sur la place publique. Déjà, les juges ont convoqué Claude comme témoin et émettent eux aussi l'hypothèse d'une convocation du chef de l'Etat comme « témoin assisté ». Ils en justifient l'intérêt par la nécessité de connaître « le niveau de connaissance » qu'il pouvait avoir « en sa double qualité de maire de Paris et de président du RPR » des circuits de financement clandestins de son parti. Et s'ils rendent, le 17 juillet, une ordonnance d'incompétence, en se référant au Conseil constitutionnel, l'effet en reste désastreux politiquement pour le président.

En effet, après le juge Patrick Desmure, le 15 avril 1999, le juge Halphen a reconnu lui aussi, le 25 avril 2001, qu'il ne pourrait aller plus loin. Avec l'enquête des juges Riberolles, Brisset-Foucault et Van Ruymbeke, pour la troisième fois depuis son élection en 1995, une enquête judiciaire paraît aboutir à l'impasse parce qu'elle vise directement le chef de l'Etat.

Les avocats qui travaillent en étroite collaboration avec la cellule de crise de l'Elysée, Francis Szpiner, Thierry Herzog et Philippe Dehapiot, officiellement mandatés par quelques hommes d'affaires mis en examen dans le dossier des HLM de la ville de Paris, se mettent donc au travail pour discréditer par un coup d'éclat un pan de l'instruction. Ces trois-là, Me Herzog notamment, sont réputés pour être des rois de la traque aux erreurs de procédure. Et ils ont dans l'idée de concentrer leurs attaques sur Eric Halphen pour anéantir le résultat de ses investigations. Leur action porte ses fruits le 4 septembre 2001. Ce jour-là, la chambre d'instruction de la cour d'appel de Paris dessaisit le juge Eric Halphen de l'instruction de l'affaire des HLM de la ville de Paris. Un terrible désaveu. Une partie de la procédure est de surcroît annulée pour vice de forme, notamment la saisie de la cassette Méry, le témoignage de François Ciolina, l'ancien directeur général adjoint de l'office HLM qui avait directement mis en cause Jacques Chirac dans la mise en place d'un système frauduleux autour des marchés de la capitale, et la convocation du chef de l'Etat en qualité de témoin.

C'est une formidable nouvelle pour l'Elysée. Il faudra pourtant attendre l'arrêt de la Cour de cassation, le 10 octobre, pour que l'immunité pénale du chef de l'Etat soit établie de façon plus précise et offre un bouclier plus solide. Désormais, expliquent les magistrats, celui-ci ne peut être « ni entendu comme témoin assisté ni mis en examen, cité ou renvoyé pour une infraction quelconque » pendant la durée de ses fonctions. La Haute Cour n'est plus compétente que pour les cas de haute trahison, mais le délai de prescription se trouve suspendu durant son mandat. Nicolas Sarkozy résume l'affaire crûment : « Nous lui avons construit une armure juridique jusqu'à la présidentielle », dit-il. Reste à mener désormais la bataille médiatique. Et celle-là est tout aussi difficile à gagner.

15.

La presse, voilà l'ennemie

Au fond, Chirac ne connaît pas bien la presse. Il la lit peu, ou alors seulement les articles qu'on lui signale. Il n'est pas du genre, depuis qu'il est président, à organiser régulièrement des déjeuners avec des patrons de médias comme le faisait François Mitterrand. Mais depuis l'explosion des affaires et la montée de l'irrévérence des juges, il pourrait faire sienne cette maxime de Napoléon : « Je redoute trois journaux plus que 100 000 baïonnettes. »

Oh, bien sûr, cela n'a pas toujours été le cas. Il fut un temps où Chirac cajolait les journalistes. Cajoler est bien le mot. A la mairie de Paris, les représentants de la presse municipale reçurent pendant des années des cadeaux. Lors des campagnes électorales, le maire pouvait parfaitement offrir aux journalistes qui l'accompagnaient des bijoux, une cravate, une montre de prix [1], et rares furent ceux qui refusèrent. En 1993, ils eurent droit à l'un des

---

1. Ainsi que l'a raconté Daniel Schneidermann dans son livre *Tout va très bien, monsieur le ministre*, Belfond, 1987.

185

premiers téléphones portables français, un Bi-Bop, avec abonnement et communication pris en charge. Pour ceux qui suivaient le RPR, les voyages tous frais payés et les déjeuners dans des restaurants gastronomiques allaient de soi. « Un journaliste qui bouffe mal fait toujours un mauvais papier », assurait Chirac. Et *Le Canard enchaîné* avait fini par ouvrir une chronique régulière mettant en regard les articles les plus complaisants avec les petits présents correspondants.

Mais le procès retentissant de Pierre Botton, le gendre de Michel Noir, qui pratiquait lui aussi les cadeaux aux journalistes les plus célèbres, a rendu la presse plus prudente. Et les scandales liés aux affaires de financement des campagnes électorales ont convaincu l'Elysée d'être moins généreux.

La modification des relations entre Chirac et la presse n'est pourtant pas une seule affaire d'argent. Elle est aussi le résultat de l'expérience des années 1993 à 1995, lorsque les journaux et la télévision, pourtant largement séduits par Edouard Balladur, n'empêchèrent aucunement – ou peut-être même précipitèrent – son échec à la présidentielle. De ces années-là, les Chirac ont retiré un mépris à l'égard des médias nationaux doublé d'une certitude : il est possible de gagner sans leur soutien. Ils en ont aussi conçu une immense méfiance à l'égard des journalistes. Valéry Giscard d'Estaing, François Mitterrand pratiquaient, avec un art consommé de la séduction, l'entretien « confidentiel », c'est-à-dire en petit comité, avec quelques privilégiés. Ils y distillaient à la fois leur stratégie et bon nombre de vacheries sur

186

leurs adversaires. Chirac, lui, a dressé une sorte de cordon sanitaire entre la presse et lui. Et la dissolution n'a rien arrangé à l'affaire. Humilié, critiqué avec véhémence ou ironie par les journaux, le président a préféré ne plus rencontrer ceux qui écrivent sur lui. Certes, il reçoit encore parfois quelques grandes plumes qui l'ont suivi tout au long de son parcours : l'éditorialiste du *Figaro*, Paul Guilbert, qui fut son condisciple à Sciences-Po et l'aida à composer en 1995 son fameux opuscule intitulé *La France pour tous* ; celui qui reste son meilleur biographe, Franz-Olivier Giesbert, aujourd'hui directeur du *Point* ; sans oublier Thierry Desjardins, grand reporter au *Figaro* qui a écrit plusieurs livres sur lui et le voit régulièrement. Mais on serait bien en peine d'en citer beaucoup plus. Car pour le reste, le président ne reçoit les représentants des médias qu'avec parcimonie. Tout juste s'entretient-il, au hasard de ses voyages officiels ou plus rarement à l'Elysée, avec le petit groupe des journalistes accrédités à la présidence. Mais ces conversations, organisées sous le contrôle de Claude Chirac ou de son adjointe Agathe Samson, sont si peu spontanées que même le viol quasi systématique du off – cette règle perverse qui consiste à réclamer la confidentialité pour des propos tenus tout de même aux représentants de dix médias différents – n'a jamais permis la moindre révélation.

Seuls Dominique de Villepin, Jérôme Monod et les conseillers du président continuent donc de recevoir les journalistes. Mais les Chirac restent si méfiants que l'on a vu des conseillers donner leurs rendez-vous à l'extérieur de l'Elysée, plutôt que de risquer d'être surpris en train de rencontrer la presse. De la même façon, combien d'entre eux se font appeler sur leur téléphone portable afin qu'une secrétaire attentive ne note pas, sur le cahier d'appels, consultable par Claude notamment, le nom d'un journaliste indésirable aux yeux de l'Elysée. Claude, elle-même, dont le titre signale pourtant qu'elle est chargée de la communication présidentielle et des relations avec la presse, les fuit le plus souvent. Cela ne veut pas dire, bien sûr, que la façon dont les médias mettent en scène l'action du chef de l'Etat soit négligée, bien au contraire. Mais aux exercices, jugés risqués, de l'entretien avec la presse écrite, l'Elysée préfère nettement les émissions télévisées.

Là, les Chirac ont le sentiment de mieux maîtriser le cours des choses. TF 1, qui pourtant avait été le fer de lance de l'irrésistible ascension d'Edouard Balladur, a su dès le lendemain de l'élection présidentielle retisser des liens avec l'Elysée. Avant même le premier tour de scrutin de 1995, Chirac avait d'ailleurs fixé quels gages il entendait recevoir de la première chaîne. Arrivant dans les studios, devant tout le staff de la chaîne réuni, le candidat donné désormais vainqueur probable s'était retourné vers Gérard Carreyrou, le patron de l'information, identifié comme un balladurien notoire par les supporters de Chirac : « Pour vous, ce sera les mines de sel », avait-il lancé en plaisantant à moitié. Quelques jours plus tard, la seule présence de Chirac à France 2 avait empêché Arlette Chabot, directrice adjointe de l'information, de descendre suivre l'enregistrement de l'émission sur le plateau. Motif : lors d'une interview diffusée le 9 janvier 1995, alors que Chirac était au plus bas dans les sondages, la journaliste avait osé poser la question sacrilège : « Monsieur Chirac, comptez-vous aller jusqu'au bout de votre campagne ? » Depuis, les deux grandes chaînes de télévision font assaut de prudence. La direction de TF 1 a évincé Carreyrou quelques semaines après le deuxième tour de la présidentielle. Arlette Chabot a mis des mois avant de pouvoir recoller les morceaux.

Claude, surtout, est devenue une professionnelle de l'enrôlement des médias audiovisuels au bénéfice de son père. Alliant son sens de la séduction à une parfaite connaissance technique des contraintes de la télévision, elle n'a pas son pareil pour entretenir des liens personnels avec certains journalistes et pousse le souci du détail jusqu'à placer au mieux les cameramen qui filmeront le président. Elle repère les lieux, sélectionne les hommes, distribue les conseils. Lorsque les temps difficiles de la cohabitation seront venus, les équipes de Lionel Jospin ont pu mesurer ce qu'il en coûte de ne pas mieux avoir étudié la question. Le président et le Premier ministre assistaient-ils ensemble à la finale du Mundial de football ? C'est Chirac que l'on voyait d'abord à l'écran. Une personnalité savamment placée entre les deux hommes avait fait sortir Jospin du cadrage... Tout naturellement.

Les reportages télévisés restent d'ailleurs le meilleur des atouts de la communication chiraquienne.

L'équipe présidentielle, qui sait parfaitement combien les télévisions sont friandes d'images colorées, ne manque ainsi jamais de composer ces bains de foule qui, avec une cinquantaine de personnes agitant des drapeaux, peuvent donner le soir même, sur le petit écran, l'illusion d'une véritable liesse populaire sur le passage du chef de l'Etat. Elle en use et en abuse. Comme elle se délecte de ces émissions parfaitement formatées où un Michel Drucker recevra, au milieu d'un plateau de supporters et d'amis, une Bernadette Chirac faussement intimidée.

Claude, qui est comme son père une téléphage, a très bien saisi le fonctionnement du média. La télévision est son univers. « Pour elle, les vrais gens sont à Canal Plus », a lâché un jour Nicolas Sarkozy. Elle y a des amis, elle a longuement étudié la façon dont se fabriquent les images et la manière dont on y manie les hommes. Elle a le sentiment d'être en terrain de connaissance tout en touchant à la modernité.

Au cœur du maelström des affaires dans lequel se débat désormais son père, les médias sont cependant devenus plus difficiles à contrôler. Les investigations sont menées par des journalistes en contact avec les juges et que l'Elysée ne connaît pas. Il est devenu inutile de veiller si soigneusement à la nomination du journaliste de l'Agence France-Presse ou de la télévision publique qui suivra l'Elysée, si les télescripteurs peuvent cracher des dépêches accablantes sur les instructions en cours produites par des rédacteurs inconnus de la classe politique. A quoi bon s'échiner à envoyer les lieutenants du RPR occuper les antennes de radios, si France-Info diffuse en boucle, une dizaine de fois dans la journée, cette chronique désastreuse sur une nouvelle procédure judiciaire ?

Même la télévision, au fond, est devenue un média plus complexe qu'il n'y paraît à contrôler. Certes, le scandale des marchés truqués, touche aussi la société de travaux publics Bouygues, elle-même citée, parmi d'autres, dans les instructions en cours, et qui détient 39,8 % du capital de TF 1. Certes, Patrick Poivre d'Arvor, qui interviewe le président, le 14 juillet 2001, est lui-même en difficulté pour le questionner sur ses voyages privés, alors qu'il fut mis en cause pour avoir accepté les largesses de Pierre Botton, le gendre du député RPR Michel Noir, quelques années auparavant. Certes encore, le même Patrick Poivre d'Arvor entretient des relations personnelles avec Claude et Bernadette Chirac, avec laquelle il a noué des liens depuis que sa propre fille, Solenne, s'est suicidée à la suite d'une grave anorexie. Mais c'est sur une chaîne de télévision publique, France 3, qu'ont été diffusés, après la parution dans *Le Monde*, les extraits les plus larges de la cassette de Jean-Claude Méry[1]. Autant dire que l'Elysée mesure combien il peut être difficile de se faire de la télévision une alliée.

---

1. Le 26 octobre 2000, France 3 a inauguré sa nouvelle émission « Pièce à conviction » en diffusant une heure et demie d'enquête et d'extraits autour du témoignage posthume de l'ancien financier occulte du RPR.

C'est d'ailleurs toute une conception de la presse qui est à revoir. Car le président s'aperçoit que, même si les médias français sont incommensurablement moins irrespectueux envers les pouvoirs que ne le sont leurs homologues anglo-saxons, la loi des lecteurs s'exerce d'abord à ses dépens. Et la presse, répondant aux contraintes de son marché, est devenue plus incisive. « Le journal est un ogre qui tue ceux grâce auxquels il vit », disait déjà Robert Desnos.

A cet égard, la mésaventure du clan Chirac avec *Paris-Match* est exemplaire. Jusque-là, le président avait utilisé l'hebdomadaire, comme la plupart des dirigeants politiques, pour donner de lui-même, de ses proches, de sa famille, une image positive dans des conditions négociées, parfois jusqu'au choix des légendes, avec Claude Chirac. Le petit-fils du chef de l'Etat, Martin, y occupait une place prépondérante. Pendant les mois difficiles de l'été qui suivit la dissolution, *Match* publia ainsi une série de photos intitulées « tendre cohabitation » mettant en scène un président marchant sereinement sur une plage aux côtés de Claude et du fils de cette dernière. L'opération de communication fut encore plus spectaculaire au printemps 2000. En plein débat sur le quinquennat et sur l'âge du président, l'hebdomadaire publia en une et sur quatre doubles pages à l'intérieur une série de photos du petit garçon en compagnie du président illustrant « l'art d'être grand-père ». Un modèle parfait. Seulement les pages people de *Paris-Match* peuvent se révéler un piège. Le 4 août 2000, alors que la famille Chirac

192

vient de débarquer à l'île Maurice pour y passer ses vacances, elle découvre, outrée, un reportage de l'hebdomadaire sur l'hôtel de luxe qui doit abriter son escapade estivale. Titré avec une sobriété ravageuse « Bonnes vacances, Monsieur le président », le reportage n'omet aucun détail. Ni les menus préférés de Jacques Chirac, ni la description de sa masseuse, de sa coiffeuse et surtout pas le prix de la suite qu'il s'est réservée : 21 972 francs la nuit. Pour le héraut de la fracture sociale, la somme est accablante. Chirac peut bien lui-même téléphoner au patron d'Hachette, Jean-Luc Lagardère, pour protester puis à la directrice du groupe, Anne-Marie Couderc, qui fut députée RPR et ancienne ministre d'Alain Juppé, le mal est fait. L'animateur Nagui en fait aussitôt une des questions récurrentes du jeu qu'il anime chaque matin sur RTL, la radio la plus populaire : « Si je vous dis 21 972 francs, cela vous évoque quoi ? » Même *Le Figaro,* pourtant infiniment plus respectueux avec un président de droite, en fait une rubrique de ses pages pratiques : « Tout ce que vous pourriez faire avec 21 972 francs » avant d'aligner, dans la longue liste des cadeaux possibles, le nombre de mois de Smic en regard de la nuit dans le palace de l'île Maurice. Autant dire que les vacances sont gâchées. « C'est une des règles de base de la communication d'aujourd'hui, lâche quelques semaines plus tard, devant Villepin, Nicolas Sarkozy. Il faut mettre en avant des idées, car ce sont elles qui seront alors déchiquetées. Si vous ne servez aux médias que Chirac en grand-père, vous récolterez deux mois plus tard Chirac en milliardaire... »

Dans ce tableau sombre des relations des Chirac avec les journaux, il faut pourtant faire une place particulière au *Monde*. Car le quotidien du soir est devenu, aux yeux de l'Elysée, plus qu'un journal hostile : un adversaire politique. Les investigations du quotidien sur les affaires judiciaires exaspèrent Chirac. Sa position au sein de la presse et de l'establishment français n'ont de cesse d'inquiéter l'équipe présidentielle ; sa longue tradition anti-gaulliste ne suscite que son agacement. Les relations n'ont pourtant pas toujours été aussi mauvaises. Longtemps, Jacques Chirac a entretenu avec le journaliste qui suivait le RPR, André Passeron, des relations cordiales, voire amicales. Bien avant les débuts politiques de Jacques Chirac, il avait interviewé le général de Gaulle, puis tous les barons du gaullisme, avant de suivre avec intérêt et une certaine affection, même, les aléas du parcours de Chirac. Ce dernier, on l'a dit, aime être en terrain de connaissance. Rien ne l'angoisse plus que les êtres imprévisibles. Depuis le retrait, puis la mort de Passeron, en 1994, il ne se sent plus en confiance. *Le Monde* n'a pas échappé, comme beaucoup d'autres, à la séduction balladurienne et, au soir de la présidentielle de 1995, Chirac a eu le sentiment d'avoir, comme il le dit, « gagné contre lui ».

Pire à ses yeux, le directeur du journal, Jean-Marie Colombani, a publié un livre sévère sur son parcours. Son titre, *Le Résident de la République*[1], est resté comme une humiliation. Depuis, Chirac consi-

---

1. J.-M. Colombani, *Le Résident de la République*, Stock, 1998.

194

dère le journal comme étant définitivement un adversaire. Ses collaborateurs peuvent bien tenter de rétablir entre leur patron et le quotidien des relations normales, ses proches peuvent bien exhiber d'un air triomphant les interviews ou les tribunes qu'ils ont données au journal, son entourage peut bien lui montrer chaque jour la somme d'articles relatant ses discours ou ses voyages, Chirac balaie leurs tentatives d'un revers de main. Et l'explosion des affaires n'a rien arrangé à la chose. Aux côtés de Jean-Marie Colombani, le directeur de la rédaction, Edwy Plenel, a poussé le journal à la pointe de l'investigation. Et le nombre de unes consacrées aux affaires, la publication des procès-verbaux d'audition et jusqu'à celle du script de la cassette Méry ont exaspéré le chef de l'Etat. Même les révélations sur le passé trotskiste de Lionel Jospin n'ont pas apaisé durablement l'Elysée. Certes, ce jour-là, Dominique de Villepin a brandi, triomphant, la une du quotidien. Mais la poursuite des révélations sur les procédures en cours a vite fait retomber l'enthousiasme. Le président est convaincu que le journal donne le ton à la façon dont pourrait être perçu son septennat, y compris dans la presse internationale, du fait de la renommée du *Monde* auprès des correspondants étrangers. Désormais, lorsqu'il parle de sa réélection, il redit encore ce qu'il disait en 1995 : « Je gagnerai contre les gens du *Monde*, dussent-ils manger leur belle imprimerie. »

Face à un journal perçu comme « hostile », plusieurs collaborateurs de l'Elysée ont tenté de pous-

ser l'avantage de son concurrent direct, *Le Figaro*.
Mais là aussi, les relations se sont révélées plus
complexes qu'ils ne l'imaginaient. Car le grand
quotidien conservateur a non seulement gardé un
vieux fond orléaniste qui se satisfait peu des accents
bonapartistes de Chirac, mais il a conservé un souvenir commercial mitigé de ses engouements passés
pour le chef de l'Etat. Conscient que son lectorat
n'est pas toujours tendre à l'égard du président, le
journal a aussi été l'un des plus sévères à l'égard de
la dissolution désastreuse de 1997. Pendant des
mois, son courrier des lecteurs a servi d'exutoire à
l'électorat de droite. Le refus ferme de Chirac et
de la direction du RPR de passer des accords avec
l'extrême droite, lors des régionales de 1998, a
achevé d'exaspérer une partie de ce qui constituait
le fonds le plus à droite de son lectorat. Enfin, la
direction du journal n'a pas renoncé, elle aussi, à
mettre en place une petite cellule active de journalistes d'investigation qui s'est montrée passablement
cinglante, notamment sur les affaires touchant
Paris.

On comprend mieux la méfiance aiguë de Chirac
pour la presse en général et pour quelques titres en
particulier. Allez composer une image présidentielle édifiante avec autant de gêneurs qui tournent
en permanence autour du palais !

Quatrième partie

Le dernier combat

16.

L'image d'un président

Toutes les trois semaines, de 1989 à 1995, Jacques Chirac a pris discrètement l'avion pour New York. Il partait avec Claude et un officier de sécurité. Trois ou quatre jours d'escapade, dîners dans les restaurants à la mode de Chinatown ou Little Italy et nuits dans un palace. Le jour ? Un entraînement d'enfer.

Combien de voyages a-t-il ainsi effectués pour tenter de gagner son image de présidentiable ? Combien de fois a-t-il pénétré dans ces bureaux, au cœur de Manhattan, pour comprendre, auprès de Roger Ailes, grand gourou de la communication et ancien conseiller en image de George Bush père, ce qui pouvait faire de lui « *a leader ! Not just a politician, Jaaacques. A leader !* ». Jaaacques a donc bûché. Il arrivait devant Roger Ailes, quinquagénaire pragmatique et détendu, plein de détermination. Claude avait préparé le programme de toutes les interventions médiatiques suivantes, voyages, discours de son candidat de père. On apportait de grands gobelets de carton remplis de café ou de Coca-Cola et la séance commençait. Qu'importe que le spécialiste américain de la communication ne connaisse que très vaguement les subtilités de la vie politique française. Il savait ce qu'il faut dire, faire, exprimer pour gagner. Chirac a donc travaillé sa gestuelle, apprivoisé la caméra, répondu à mille questions posées par un Ailes figurant un imaginaire journaliste. En anglais. Oui, en anglais. On est moins langue de bois quand on parle avec un vocabulaire plus réduit.

Qui peut dire, aujourd'hui, si ces séances l'ont transformé ? Elles l'ont en tout cas rassuré sur ses capacités à pouvoir l'emporter. Les rénovateurs du RPR pouvaient bien croire avoir trouvé en Michel Noir leur nouveau Kennedy. Charles Pasqua et Philippe Séguin pouvaient bien tenter de prendre le pouvoir au sein du mouvement gaulliste en doutant tout haut de sa stratégie présidentielle, Chirac travaillait avec un entraîneur de président. Un type ayant conseillé Ronald Reagan et contribué à faire de George Bush le patron des Etats-Unis. Un Américain ! Autant dire qu'on était dans la cour des grands.

C'est à partir de ce travail que Claude Chirac a en tout cas bâti la nouvelle communication de son père. Officiellement, à cette époque, elle n'a pas encore le rôle qu'elle prendra par la suite à l'Elysée. Elle dispose bien d'un bureau et d'un secrétariat. Mais elle est censée être chapeautée, à la direction de la communication de l'Hôtel de Ville, par un délégué général à la communication, Jean-Pierre Teyssier (de 1988 à 1991), puis par un conseiller en communication, Pierre Charron, jusqu'en 1993. Le publicitaire Jean-Michel Goudard, qui intervient comme consultant extérieur, surveille pourtant attentivement sa protégée. C'est à la suite d'un stage chez Euro RSCG dont Goudard est l'un des fondateurs que Claude a définitivement opté pour le métier. C'est aussi là qu'elle a rencontré une amie, Christiane Stahl, qu'elle a depuis fait engager à la mairie de Paris et qui fait figure de confidente. Goudard peut bien voyager aux quatre coins du monde, il sait que Claude est son meilleur relais auprès de Chirac.

Or Claude n'a qu'une obsession : la modernité. Lorsqu'elle revient de ces voyages à New York et qu'elle retrouve cet univers de petits assassinats entre amis qui sont la marque de la mairie de Paris et du RPR, elle mesure le fossé qu'il y a entre le Vieux Continent et le Nouveau Monde. A Paris, Chirac est encore ce type mécanique, traînant derrière lui une image de « facho-Chirac » et pas mal de vieilles lunes. Aux Etats-Unis, c'est autre chose.

Le délégué général à la communication, Jean-Pierre Teyssier, lui aussi assez féru d'Amérique, lui a rapporté qu'il a vu Ronald Reagan prononcer un discours devant le FMI. Le président américain y était formidable, paraissant s'exprimer aisément, chaussant seulement parfois ses lunettes pour retrouver un chiffre dans ce qui ne semblait être que quelques notes jetées sur un papier. Teyssier s'en est ouvert aux membres de la délégation américaine. Ceux-ci lui ont montré en riant deux petites glaces très discrètes, de part et d'autre du micro : un prompteur. Claude fait donc des pieds et des mains pour se procurer ce petit bijou. On lui signale qu'il y a un fabricant à Londres. Mais le prompteur est cher. Très cher. Et le directeur de cabinet Michel Roussin a signalé qu'il serait difficile de l'imputer sur les frais de communication de la mairie de Paris. Tant pis, on trouvera. Quelques semaines plus tard, Chirac a son prompteur.

Désormais, il s'agit de se donner les moyens de gagner : s'il faut, pour cela, moderniser son apparence ou renouveler sa garde-robe, on le fera ! Tout le monde a toujours dit à Claude que Chirac avait un physique hollywoodien. « Tout à fait Cary Grant, non ? » répète-t-on autour d'elle. On l'habille donc avec des costumes sur mesure à l'américaine, dans de belles matières. On lâche les lunettes à montures noires pour des lentilles. Mais au-delà de l'apparence, Claude commence à construire, à partir des conseils de Roger Ailes et de Goudard, la stratégie de communication du candidat Chirac, stratégie qui tient toujours lieu de communication au président.

« Nous avions bien compris que la grande force de Chirac est dans son contact populaire, raconte aujourd'hui Jean-Pierre Teyssier. Nous avons donc bâti, dès 1990, un dispositif de quadrillage du territoire français qui permette de mettre en valeur cette qualité-là. Une fois toutes les trois semaines, Chirac partait avec Claude en province, dans un endroit soigneusement choisi pour sa situation politique ou économique. Il devait coucher une nuit sur place pour bien signifier qu'il n'y faisait pas un saut de puce avant de repartir à Paris. Il y rencontrait les "forces vives" du coin, chefs d'entreprise, membres d'association, ingénieurs. Les militants RPR étaient priés de ne le voir que discrètement, autour d'un verre, en fin d'après-midi. Enfin et surtout, on soignait particulièrement la presse régionale. » Le dispositif est si formidablement efficace qu'une fois élu à l'Elysée, Chirac s'est bien gardé de l'abandonner. Mais la méthode, cependant, s'est sophistiquée. Car il ne s'agit pas seulement de lancer le personnage du type sympathique et proche des gens connu jusqu'à la caricature. Il s'agit avant tout d'incarner « l'air du temps ».

Claude et son père ont bien compris que sa seule popularité serait un acquis trop superficiel pour permettre de renouveler l'exploit de 1995 et être réélu pour un second mandat. Dès son arrivée à l'Elysée, Claude s'est donc attelée à un travail subtil, mêlant les recettes les plus traditionnelles de la communication politique et les techniques les plus sophistiquées du management, l'analyse statistique des sondages d'opinion et la compréhension intuitive des tendances sociétales. Tous les hommes d'Etat ont usé de ces instruments, tour à tour cartésiens et irrationnels, pour se construire une image. Valéry Giscard d'Estaing avait son équipe de sociologues d'un institut spécialisé, la Cofremca, son psychanalyste, une escouade de sondeurs. François Mitterrand usait et abusait de communicants, de publicitaires et de voyantes. Chirac a sa fille. Et celle-ci veut ce qu'il y a de mieux pour son président de père.

En 1994, Jean-Michel Goudard lui a présenté le conseiller en communication de François Mitterrand, Jacques Pilhan. Un petit homme intelligent et beau parleur. Mais ce qui séduit et fascine surtout Claude et son père est que celui-ci a travaillé avec François Mitterrand. Car il y a une obsession chez Chirac : approcher un peu du chef-d'œuvre politique de son prédécesseur. Des années durant, il a souffert de ce que l'autre était plus aimé des Français, plus roué, plus dur, meilleur stratège. Même ses succès féminins étaient devenus une idée fixe et bon nombre de femmes devinrent irrésistibles aux yeux de Chirac uniquement parce qu'elles avaient été d'anciennes conquêtes de Mitterrand. Engager son ancien conseiller en image, c'est pouvoir bénéficier de la magie de son sorcier.

De son côté, Pilhan a vite compris qu'il peut trouver en Chirac une façon de poursuivre son métier après le départ de François Mitterrand. « Le métier de Jacques était conseilleur de président. Comment pouvait-il faire autrement ? » sourit aujourd'hui sa femme, Michèle Pilhan. Dès 1994, donc, lors de ses rencontres avec Claude, puis lors de la campagne de 1995 où, déjà, Pilhan avait commencé à donner ses conseils, cet ancien de l'agence RSCG a su se rendre indispensable. Laissant subtilement croire à Chirac que c'est un peu de l'aide indirecte de Mitterrand qu'il recevait ainsi dans son combat contre Balladur.

Bien sûr, les chiraquiens de toujours ont mal accueilli en leur sein l'ancien conseiller de Mitterrand. Car c'est bien le même conseiller qui, lors de la cohabitation de 1986-1988, avait mis en scène les mêmes chausse-trapes, parsemant d'embûches la route de Chirac, qu'il qualifiait alors de « clown ». « C'est choquant ! tempête alors Denis Tillinac, c'est déconsidérer la politique aux yeux des électeurs ! On peut vendre Peugeot comme on vend Ford. Mais on ne vend pas le christianisme comme l'islam. » S'ils avaient su, tous, que l'arrivée de Pilhan n'était au fond que l'aboutissement d'une démarche entamée cinq années plus tôt à New York : la construction méthodique d'une image de président...

Qu'a-t-il apporté vraiment celui que Philippe Séguin, agacé, appela un jour « la cartomancienne » de l'Elysée ? Un certain génie de la maïeutique. Un recours, parfois assez prétentieux, à la psychanalyse, à la sociologie, à la linguistique, à la philosophie, devant un Chirac qui n'a toujours cru qu'en son instinct des hommes. Mais il a surtout achevé de faire de Claude la conseillère de son père. Car jusque-là, la cadette des Chirac était restée hésitante sur la nécessité de remplir ce rôle. Dans les années 90, Claude était encore une jeune femme discrète, assistant en silence aux réunions et notant scrupuleusement les consignes sur son cahier. Certes, la campagne de 1995 l'avait propulsée au premier plan, mais sa présence était encore perçue comme une double compensation : compensation familliale à la maladie de Laurence, compensation affective à la trahison des balladuriens. Au soir de l'élection de 1995, elle disait encore qu'elle partirait vivre aux Etats-Unis.

En décidant de rester, en faisant tandem avec un « vrai » conseilleur de président, Claude a trouvé sa légitimité. « A la fin, assure Agathe Samson, amie de Claude et attachée de presse du président, je la trouvais même meilleure que Pilhan. Il était resté très imprégné, en fait, par cet esprit pubard des années 80. Elle est beaucoup plus politique et pragmatique. » Il n'empêche, Pilhan passe alors de longues heures à discuter avec Claude. Il lui présente Jean-Luc Aubert, adepte de la psychanalyse passé par la publicité et formé à l'école de la Cofremca, qui, en coulisses, fonctionne en duo avec Pilhan. Les deux compères sont assez largement disciples de l'école de Palo Alto, qui a notamment fait une distinction entre la communication « digitale » établie sur des données rationnelles, et la communication « analogique » qui analyse tout ce qui agit sur le subconscient. Claude, qui n'a jamais cessé d'éprouver le complexe de celle qui n'a pas poussé très avant ses études, trouve soudain là une sorte de formation intellectuelle dont elle perçoit la finalité.

Seulement, Jacques Pilhan va mourir. En cet été 1997, le petit homme est fatigué, depuis un moment, mais il refuse de consulter les médecins. Sa femme, Michèle, Claude, Chirac lui-même l'ont engagé à se reposer. Chirac, comme à son habitude, lui a pris d'autorité des rendez-vous avec les plus grands professeurs. Mais Pilhan laisse traîner les choses. Lorsqu'il se résout enfin à consulter, il est beaucoup trop tard. Les métastases sont déjà partout. La période est décidément difficile. L'Elysée est en deuil, depuis l'échec de la dissolution, et voilà que le président et sa fille ont compris que la mort allait arriver. Pilhan a pris soin de s'en entretenir avec Chirac, lucidement. Il l'a fait aussi avec Claude, qui en est bouleversée. Le 28 juin 1998, le consultant en image du chef de l'Etat meurt, alors que ce dernier et sa fille sont en Afrique australe. Désormais, Claude sera seule.

Elle a monté depuis sa propre cellule de communication. Pilhan travaillait à partir de sa société, Temps publics. Sa femme l'a liquidée. Et tout se passe désormais à quelques pas de l'Elysée. Pilhan travaillait beaucoup sur des enquêtes « qualitatives » faites à partir de petits groupes non représentatifs de la population mais créatifs. Désormais, Claude fait travailler de multiples instituts qui fournissent des enquêtes sur mesure. Elle continue à voir régulièrement Jean-Luc Aubert, mais elle a aussi fait venir Yves Censi à l'Elysée. Fils de l'ancien président du conseil régional de Midi-Pyrénées, Marc Censi (UDF), le jeune homme, ancien responsable du marketing et des jeux en ligne de la Française des jeux – qui fut présidée jusqu'en 1993 par un autre compère de Pilhan, Gérard Colé –, apporte son goût et sa connaissance de la sémantique. Aubert, Censi, Claude travaillent ainsi à partir de discussions libres de groupes d'individus, de leurs lectures (presse, essais) et de leur vision de la télévision. Sont également consultés, ponctuellement, des philosophes, des sociologues ou des spécialistes du coaching, cette méthode de management qui vise à aider l'individu à épanouir son potentiel.

La « cellule » est donc censée offrir une vision du « pays réel » à un président qui, de par sa fonction, vit dans un palais fermé. Oh, bien sûr, tout cela n'a

207

jamais empêché Chirac de continuer à faire de la politique selon les méthodes les plus classiques : attention aux nominations, analyse des résultats électoraux, conversations avec les chefs de parti. Mais cela permet de rassurer l'équipe élyséenne sur sa capacité à comprendre la société française. Chirac peut bien faire mine de se moquer, devant ses amis politiques, de « tous ces trucs d'image », il peut bien fustiger devant ses électeurs « les sondages » et devant les journalistes « les petites recettes de communication », il ne méprise rien. Et assiste très attentivement aux réunions que lui organise régulièrement Claude sur le sujet. Car il ne sait que trop, lui qui fut tant caricaturé, combien l'image peut créer une illusion suffisante pour faire gagner ou perdre.

Claude est donc maîtresse de son domaine. Et c'est bien là l'objet de toutes les curiosités. Dieu sait combien les amis, les conseillers de Chirac ont passé d'heures à débattre des bénéfices ou des désastres de son influence. Pilhan avait trouvé l'expression clouant le bec aux méchantes langues : « Elle connaît bien son produit, non ? » Elle connaît son produit, en effet. Elle a joué de ses qualités premières et de ses défauts. Surtout, Chirac ne peut plus s'en passer. « Lorsqu'on a, comme Chirac, le goût du naturel, il est très difficile de maîtriser ses propres pulsions », explique Jean-Pierre Raffarin, sénateur Démocratie libérale, qui fut lui-même spécialiste de la communication politique avant de franchir le pas et de se présenter devant les électeurs. « Or Chirac, justement pour cela, peut vite

208

déraper. Il a trouvé en Claude la seule personne qui puisse l'en empêcher. La seule qui puisse mettre un doigt devant sa bouche pour lui signifier qu'il doit se taire. Un homme de pouvoir ne peut accepter d'être ainsi momentanément castré que par quelqu'un dont il est sûr qu'il partage à 100 % ses intérêts. Et Claude partage les intérêts de son père. »

Seulement, la puissance de la fille n'a pas trouvé à l'Elysée de contre-pouvoir. Qui pourrait s'élever contre elle quand il est clair que tous ceux qui l'ont contestée ont dû se retirer ? Même Dominique de Villepin, qui aurait voulu lui aussi gérer seul la communication présidentielle, a dû battre en retraite. Claude a pris une place décisive à l'Elysée dont personne ne pourra la déloger jusqu'à ce qu'elle le veuille elle-même. Une place qui suscite régulièrement les critiques et les rivalités. Y compris celles d'une femme qu'on a longtemps écartée du devant de la scène.

17.

Mère et fille

Bernadette Chirac a posé son sac à main sur une chaise et fermé la porte de la petite salle de la mairie de Corrèze, où elle vient de tenir une réunion avec des élus. Elle veut bien parler de politique, pour les besoins d'un livre sur son mari, mais elle a d'abord une petite mise au point à faire. « Ecoutez, vous me posez une vraie difficulté lorsque vous évoquez, dans votre journal, mes relations avec Claude. Quand elle lit la presse, qu'elle voit toutes ces choses que l'on dit sur elle, elle croit que c'est moi qui en suis la source. Elle pense que c'est moi qui dis aux journalistes que sa présence auprès de mon mari est un problème. C'est une situation impossible, n'est-ce pas ? Notre relation est devenue un tel sujet dans les médias qu'il va falloir que j'aie une sérieuse explication avec elle, et je redoute ce moment. » L'épouse du chef de l'Etat s'est arrêtée un instant. On lui rappelle doucement que c'est elle qui, la première, a expliqué, lors d'un reportage télévisé, que les relations avec sa fille « ne sont pas toujours faciles ». Alors Bernadette Chirac reprend :

« C'est vrai que j'ai eu des difficultés à exister. C'est vrai que j'ai dit un jour : "En France, le président est veuf", parce qu'on voulait m'écarter. C'est vrai aussi que du temps où M. Pilhan travaillait pour mon mari, il m'a empêchée de me joindre à un déjeuner organisé à l'Elysée avec des jeunes. Il disait : "Vous comprenez, cela fera papa et maman." Alors que je voulais y aller tout simplement parce qu'il y avait des jeunes gens de mon canton ! Mais M. Pilhan est mort, paix à son âme. Maintenant, je dois faire en sorte que les relations soient apaisées. » Un temps. Puis Mme Chirac a fait mine de fouiller dans son sac : « D'ailleurs, je pense que Claude quittera l'Elysée si mon mari est réélu. » Sept années auparavant, en 1995, l'épouse du candidat Chirac croyait déjà la même chose...

Le duo que forment le président et sa fille cadette a longtemps occulté la relation complexe qui lie Bernadette à Claude. Les premières années du septennat, au sein de la petite équipe présidentielle, on évitait même soigneusement de l'évoquer. Comme si les heurts fréquents et les plus rares complicités entre la première dame et la première demoiselle ne relevaient que de la seule vie familiale du clan. Mais ce serait négliger l'importance politique qu'ont acquise l'une et l'autre que de passer sous silence ce lien affectif teinté de rivalité qui fait de la mère et de la fille l'autre couple fascinant de l'Elysée.

En apparence, elles pourraient passer pour des femmes de deux générations différentes, appartenant à deux mondes opposés. L'une n'oublie jamais qu'elle est née Chodron de Courcel, l'autre croit mener une vie toute simple. L'une fréquente la haute bourgeoisie française, l'autre adore le milieu du show-biz et dîne plus volontiers avec Vincent Lindon et Christophe Lambert. La mère affiche ses positions conservatrices, la fille répète devant les conseillers de son père : « On ne gagnera pas en disant qu'on est de droite ! » La première voudrait que l'on reconnaisse enfin son rôle d'épouse ayant contribué pendant quarante ans à la carrière de son mari, la seconde a longtemps écarté des paquets de photos officielles données à la presse, celles où figurait la première dame, fustigeant tout haut ce qu'elle appelait son « look mémère ». A l'Elysée, aucun conseiller n'ose plus se mêler de leurs relations sous peine de voir Claude répondre, le visage fermé, « je m'en occupe », ou Bernadette lâcher un : « Ah ! A vous aussi, ma fille fait peur, hein ? » auquel il vaut mieux ne pas répondre.

« Elles sont tout simplement jalouses l'une de l'autre. Cela arrive parfois entre une mère et sa fille », tempère un Bernard Pons qui a suivi depuis trente-cinq ans les aléas de la famille. Mais chacun emploie les mêmes mots pour parler de la relation qu'elles entretiennent avec Chirac : « Bernadette dit toujours ce qu'elle pense et de manière désintéressée, assure ainsi Françoise de Panafieu. Chirac est sa priorité. » « Chirac sait qu'il peut avoir des débats avec Claude, explique Bernard Pons, sans qu'elle ait la moindre arrière-pensée. »

Sans doute y a-t-il une certaine forme de respect entre elles, le respect des femmes qui savent ce qu'elles ont enduré pour réaliser leurs ambitions et surtout celles de l'homme de leur vie. Sans doute, aussi, y a-t-il de l'attachement. Et il y a très certainement une admiration mutuelle devant la volonté farouche qu'elles ont, chacune, d'exister tout en servant le chef du clan. Claude croyait nécessaire d'écarter sa mère ? Elle s'est inclinée en voyant ses sondages de popularité. Bernadette voudrait voir sa fille vivre sa propre vie ? Elle reconnaît que l'image de son mari s'est transformée depuis qu'elle travaille à ses côtés.

Chirac n'est évidemment pas pour rien dans la construction de ce duo qui se dispute la faveur de jouer un rôle plus déterminant à ses côtés. Sans doute respecte-t-il l'une et aime-t-il l'autre au-delà de ce qu'elles peuvent chacune lui apporter. Mais en faisant de Claude sa conseillère la plus proche, il a paru parfois reléguer son épouse dans un statut beaucoup trop étriqué pour sa personnalité.

Car Bernadette n'est certainement pas une femme effacée. Elle entretient cependant avec le pouvoir un rapport ambivalent et somme toute assez compliqué, à cent lieues des certitudes affichées de sa fille. A-t-elle ainsi toujours partagé l'ambition de son mari ? Oui, si l'on mesure à quel point elle y a jeté toute sa vie. Claude, d'ailleurs, dans son adolescence, le lui a assez reproché. En 1987, ne disait-elle pas, dans une de ses premières interviews d'enfant malmenée par la politique : « Il y a un moment où une fille se révolte face à un père qui est trop peu à la maison. Je ne serais pas capable de me sacrifier, comme maman, pour un homme. » Le jugement était sévère pour son père, mais il ne l'était pas moins pour la « sacrifiée ». Or, Bernadette ne manque jamais de le souligner : son engagement dans l'irrésistible ascension de son mari fut « librement consenti ».

Il ne fut pas pour autant exempt de critiques et de doutes. Les plus anciens, dans l'entourage de Chirac, se souviennent ainsi quelles furent ses réticences à le voir se présenter à la présidentielle, en 1981, contre Valéry Giscard d'Estaing. Ce n'est pas seulement parce que Bernadette entretenait alors, avec l'épouse du président, Anne-Aymone, une relation amicale. C'est aussi parce qu'elle ne s'est jamais défaite d'une certaine lucidité politique qui lui faisait regarder avec méfiance une candidature qui avait tout d'une mauvaise manière envers le chef de l'Etat sortant.

Jean-Jacques Guillet[1], qui travaillait alors sur la campagne chiraquienne, se souvient ainsi d'une nuit où, de retour de meeting, on présenta à Chirac, dans son bureau de l'Hôtel de Ville, les projets d'affiches électorales qui devaient l'accompagner jusqu'au premier tour. L'une d'elles, la plus réussie de l'avis des communicants qui entouraient le candidat, reproduisait une photo signée par le grand photographe Helmut Newton, surmontant le slogan : « Le président qu'il nous faut ». Le cliché montrait un Chirac de trois quarts, assis à son

---

1. Jean-Jacques Guillet a ensuite suivi Charles Pasqua lors de sa rupture avec le RPR, à l'issue de la victoire de Chirac en 1995.

bureau, apaisé. « On fit venir des sandwichs, pendant que l'on présentait les visuels, raconte Guillet, nous étions en petit comité, mais Bernadette se joignit bientôt au groupe. Voyant la photo de Newton, elle l'écarta immédiatement en lâchant cette remarque qui nous sidéra tous : "Non, ce n'est pas vraiment mon mari. Il fait trop président..." Dès lors, nous avons tous été convaincus qu'au fond elle ne voulait pas qu'il se présente. » En 1988, on l'a déjà dit, c'est aussi Bernadette qui lâcha l'analyse la plus cruelle de la défaite, avec ce cinglant : « Décidément, les Français n'aiment pas mon mari » qu'elle voudrait tant, aujourd'hui, que l'on oublie.

Mais ce serait sans doute un contresens que d'y voir le signe d'un désaccord profond sur ce que souhaitait si ardemment Chirac. « J'y vois plutôt la certitude qu'elle ne voulait à aucun prix d'une défaite », note Maurice Ulrich qui a si longtemps suivi son mari. Car rarement l'épouse d'un président a marqué autant de goût pour la politique. Ce n'est pas seulement parce qu'elle est, elle aussi, élue dans sa circonscription de Corrèze. Ce n'est pas seulement parce qu'elle goûte les plaisirs des batailles électorales, qu'elle mène à sa façon, visitant les fermes avec ses bottes Chanel et allant soutenir les candidats du RPR aux municipales. Ecoutons-la parler de ses campagnes : « Je crois au quadrillage, dit-elle en souriant. L'idéal serait de faire toute la France par carré de cent personnes. » N'est-ce pas la meilleure illustration de son adhésion au chiraquisme ? Mais elle porte très haut son ambition. Que confiait-elle, au lendemain d'une dissolution

qu'elle dit avoir toujours désapprouvée ? « Je suis
mariée depuis longtemps avec Jacques Chirac. J'espère seulement ne pas être aujourd'hui l'épouse du
président Coty... »

Pourquoi a-t-elle donc vu avec tant de méfiance
Claude s'installer à l'Elysée ? Sans doute est-ce parce
que, après avoir profondément souffert de la maladie de Laurence, elle souhaitait autre chose pour
sa cadette. Mais c'est aussi parce que, après avoir
consacré tant d'années à l'appétit présidentiel de
son mari, elle n'en a pas toujours goûté la reconnaissance attendue. Car l'homme de la famille
forme avec sa femme et sa fille des couples opposés.

Avec Bernadette, il joue un duo singulier. Une
alternance de respect et de brutalité. Cet homme
qui embrasse la terre entière et dispense sa chaleu-
reuse attention à chacun est avec sa femme d'une
économie de gestes et d'attention qui frappe. Il
tutoie tout le monde, mais ils se vouvoient. Il est
un adepte du baisemain, mais s'il arrive à un dîner
officiel, il faut que son épouse lui rappelle jusqu'à
son existence pour qu'il l'aide à sortir de voiture
avec sa robe longue. Il lui passe devant le nez et lève
les yeux au ciel lorsqu'elle ose une remarque.

Avec Claude, bien sûr, c'est tout l'inverse. Il s'inquiète de sa santé, la cherche sans cesse, écoute ses
directives. Elle est la seule à faire dérouler sur le
fameux prompteur le discours qu'il est en train de
dire, le regard allant des mots inscrits sur le papier
aux lèvres qui les prononcent. Leur complicité s'est
d'ailleurs largement installée sur le sort fait à Bernadette. Combien de fois a-t-on vu le père et la fille

lever les yeux au ciel en entendant l'épouse se plaindre, combien de fois, même, a-t-on vu Claude sourire des succès féminins de son père comme si elle ignorait délibérément que sa mère en était la première victime.

Il y a, chez Chirac, un paradoxe que Bernadette a mis longtemps à analyser. Cet homme qui a, pendant tant d'années, refusé que son épouse travaille, n'a en fait de respect que pour les femmes qui ont un métier. Surtout si ce métier lui est consacré. Bernadette l'a compris à coups de petites humiliations. Longtemps, Chirac lui avait refusé un téléphone portable. Jusqu'à ce qu'elle proteste : « Mais enfin, Claude en a deux ! » Ce fut aussitôt pour entendre cette réplique cinglante : « Oui, mais elle, c'est pour son travail. »

Bernadette, comme Claude, a donc entrepris d'exister en faisant, elle aussi, de la politique. Il ne s'agit plus, cependant, de prendre simplement une circonscription de Corrèze pour maintenir là-bas le nom des Chirac. Il s'agit de rassembler un électorat beaucoup plus large. Et Bernadette, n'en déplaise à Claude, a aussi son utilité. Déjà, lors de la campagne de 1995, elle était partie tenir des réunions politiques dans les milieux BC-BG. « Oh, le public est assez *Point de Vue-Images du monde*, rigolait alors Jean-Louis Debré, chargé de l'accompagner, mais enfin, ces gens-là votent, non ? » Ces « gens-là », surtout, étaient le cœur de cible d'Edouard Balladur. Et Bernadette venait tranquillement leur parler du « courage » de son mari et de sa « foi catholique »... Claude peut bien faire la moue, cela a son efficacité.

Depuis que les Chirac sont à l'Elysée, Bernadette et Claude se battent ou se réconcilient en fonction de ce qu'elles croient être leur utilité politique. Longtemps, Claude a paru considérer que sa mère ne faisait pas partie de la construction de la nouvelle image présidentielle. En 1997, les reportages « autorisés » des vacances familiales, à la Réunion puis au Tyrol, offrirent l'image d'un tête-à-tête complice entre Chirac, sa fille et le fils de celle-ci, Martin. De ces photos, sélectionnées avec attention par Claude avant leur publication dans *Paris-Match*, Bernadette était systématiquement absente.

Elle y est réapparue peu à peu. Mais sur le fond, la mère et la fille n'ont pas toujours la même stratégie. Bernadette ne cache pas qu'elle considère que Chirac doit d'abord régner sur son camp avant de l'élargir. Claude a tendance à penser que Chirac est épargné par l'exaspération que les Français ressentent pour la droite. Un an après la dissolution, surtout, l'équipe présidentielle, Claude en tête, a commencé à se persuader que, malgré la déroute persistante de l'opposition, Chirac pourrait tout de même à nouveau l'emporter. Avant que Lionel Jospin ne modifie le calendrier électoral pour faire passer les élections législatives après la présidentielle, l'Elysée prêchait même l'idée que si la droite l'emportait au Parlement, Lionel Jospin renoncerait à être candidat deux mois plus tard à l'élection présidentielle. En revanche, si la droite perdait, Chirac pourrait toujours se présenter et gagner car, affirmait Claude, « il n'est pas perçu comme un homme de droite ».

L'insistance mise à paraître d'abord préoccupé par les problèmes sociaux – fracture sociale, fracture numérique, réduction du temps de travail –, la volonté de se montrer plus souple sur les mœurs ou plus attentif aux questions d'environnement répondaient d'abord à ce souci. Mais Claude s'est heurtée à... sa propre mère.

Convaincue, à juste titre, que sa fille ne la laisserait pas faire, c'est sans rien dire à personne que le 24 octobre 1998, dans *Le Figaro Magazine*, Bernadette prend position contre le PACS, cette nouvelle version juridique du couple qui permet notamment aux homosexuels de donner un statut à leur vie commune. Depuis plusieurs semaines, déjà, la mère et la fille s'affrontaient sur le sujet. Bernadette, par conviction profonde, considère qu'il faut éviter tout ce qui peut sembler du prosélytisme en faveur de l'homosexualité. Claude, qui jure que le PACS est « moderne » et a les faveurs de la jeunesse, veut au moins engager son père à ne rien dire sur le sujet. Chirac contentera la fille et la mère. Il ne dit pas un mot sur le PACS. Mais quand Claude, furieuse, veut obtenir du président qu'il place sous son contrôle la communication de sa mère, il la conjure de « laisser tomber ».

Leurs affrontements ne s'arrêtent pas là. Les conseillers de l'Elysée ont encore le souvenir de leurs querelles sur le choix d'une photo montrant le père et la fille en oubliant l'épouse. Mais elles ont parfois certaines détestations communes : Nicolas Sarkozy, après avoir été leur « jeune homme » préféré, est devenu leur bête noire, Alain Juppé n'est

219

pas apprécié, Villepin est jugé exaspérant. Mais Chirac ne joue-t-il pas savamment de leurs tensions ? Il sait en tout cas les utiliser parfaitement, en fonction de ses besoins. Doit-il rencontrer des jeunes, tenir à l'Elysée une réunion sur Internet, décorer le compositeur et producteur de rock Quincy Jones ? C'est avec Claude qu'il se montre. Faut-il aller soutenir les candidats de la droite aux élections municipales de 2001 ? C'est Bernadette qu'il envoie. « Souvent, Chirac se cache des choses à lui-même et aux autres, assure Jacques Toubon. Claude et Bernadette, chacune dans son genre, savent le deviner. » Mais sont-elles toujours d'accord sur ce qu'elles ont cru interpréter ? Qu'importe. Elles ont toutes deux leur utilité. « Quand Sylviane montera au créneau dans la campagne de Jospin, il faudra que Chirac montre de son côté qu'il a deux femmes : son épouse et sa fille », dit, à l'approche de la campagne électorale, Jean-Pierre Raffarin. D'ici là, elles sont priées de masquer leur rivalité.

18.

L'âge du capitaine

« Pour faire de la politique, il faut avoir une bonne gueule », dit souvent Chirac. Il assène cela comme il dirait qu'il faut un parti fort, des moyens financiers substantiels, des alliés solides. Généralement, il lâche sa formule devant des élus dotés d'un physique de jeune premier et les types en ressortent tout ragaillardis. Mais il peut être plus vachard, bien sûr. A Nicolas Sarkozy qui voulait se présenter à la présidence du RPR, en 1999, alors qu'il avait déjà décidé de lui fourrer dans les jambes le président de l'Association des maires de France, Jean-Paul Delevoye, Chirac lança cet ultime argument : « Tu sais, il fait plus d'1,90 mètre et ça, c'est important. » Sarkozy en sourit encore jaune aujourd'hui...

Pendant des années, Chirac a considéré son corps comme une formidable machine. Un outil exceptionnel permettant d'avaler les kilomètres et les agendas délirants sans autre carburant que quelques bières et des nourritures roboratives. Il était beau. Il était résistant. Et il baladait partout cette certitude : « Une campagne, c'est très physique. » Aux pires moments qui suivirent la dissolution, son physique a même été le seul atout qui lui restait. Dans les enquêtes qualitatives réalisées pour l'Elysée, on avait beau dire : « il a trahi ses électeurs », « il a fait perdre son camp », « mais pourquoi donc a-t-il voulu dissoudre ? », un élément positif est toujours ressorti : « Il présente bien, tout de même » et : « Il est grand »...

Depuis qu'il est entré à l'Elysée, le président surveille de très près son apparence. Seuls les grands acteurs savent ce que cela suppose de travail minutieux et, de ce point de vue-là, Chirac peut être largement classé parmi les monstres sacrés. En dix ans, il a transformé sa gestuelle. Il s'est appliqué à ne plus battre frénétiquement du pied sous la table. Il a appris à poser les mains à plat, de chaque côté d'un dossier, pour écouter. Quand il marche sous l'œil des caméras, il garde une main dans la poche de son pantalon, pour la décontraction de l'allure. Il a si longtemps été catalogué parmi les « agités », si souvent critiqué pour son abord brutal – « c'est une école, je le sais, de parler comme on tape à la machine », disait avec ironie François Mitterrand –, il a été tellement moqué pour sa voracité qu'il faut souligner l'ampleur de l'effort fourni pour paraître enfin apaisé.

Mais maintenant, il faut aussi lutter contre le temps qui passe. Consacrer quarante années à la conquête du pouvoir suprême et y parvenir enfin en paraissant usé, lessivé, quel cauchemar ce serait, n'est-ce pas ? Chirac s'applique donc à lutter contre les effets politiques désastreux de la vieillesse. Il a arrêté de fumer, il préfère désormais la bière au champagne qu'il a pourtant adoré. Il veut durer. Il veut continuer à séduire. Et – surtout ? – il veut rester au pouvoir. Un aphrodisiaque réputé efficace.

Depuis quelques années, il se fait teindre les cheveux. Un artifice très subtilement accompli par son coiffeur. Châtain profond pour l'ensemble de la chevelure et les tempes laissées plus grisonnantes, comme le seraient celles d'un tout juste quinquagénaire. Bien sûr, il fait des UV. Les grands patrons y ont bien recours, eux aussi. Pourquoi pas lui ? Il rit d'ailleurs comme un enfant lorsqu'il entend le sénateur Jean-Pierre Raffarin moquer le « teint de navet » du Premier ministre. Il adore qu'on lui rapporte qu'une partie des Français croit Lionel Jospin – de cinq ans son cadet – plus âgé que lui, à cause de ses cheveux blancs. Chirac voudrait que l'âge ne lui donne que des avantages : apparaître plus « sage », plus « expérimenté », plus « père de la nation », mais surtout pas « trop dépassé », « trop vieux », « trop vu ». Depuis son élection à la présidence de la République, il marche en équilibre sur cette frontière si mince. La grande actrice américaine Bette Davis résuma un jour la difficulté de l'exercice : « Vieillir n'est pas une affaire pour les petites natures... » Et Chirac n'en est certainement pas une.

Dès son arrivée à l'Elysée, il a cependant fait un calcul simple. « Mon seul problème, mon seul objectif, c'est ma réélection dans sept ans », disait-il déjà aux journalistes trois mois après avoir gagné. Mais comment convaincre les électeurs de réélire en 2002 un homme de 69 ans pour sept années supplémentaires ? Un peu partout, les Européens avaient renouvelé leur classe politique ou étaient en passe de le faire. Tony Blair en Grande-Bretagne, José María Aznar en Espagne et bientôt Gerhard Schröder en Allemagne. Aux Etats-Unis ? Un baby-boomer, Bill Clinton. En somme, parmi les sexagénaires, il ne restait que le Russe Boris Eltsine. Pas vraiment un modèle d'équilibre et de santé...

Chirac a pourtant longtemps repoussé la seule solution possible : réformer la durée du mandat présidentiel et instaurer le quinquennat. Officiellement, il résistait par fidélité au gaullisme. « Le Général a tout de même gardé le septennat pour installer le chef de l'Etat au-dessus des partis », explique l'ancien député RPR Pierre Mazeaud, aujourd'hui membre du Conseil constitutionnel. « Il assurait, qui plus est, que le mandat de sept ans est la plus solide colonne de la Constitution. » Chaque 14 Juillet, Chirac a donc répété qu'il n'était pas favorable au quinquennat au motif qu'il craignait une présidentialisation du régime. Et chaque 14 Juillet, depuis la dissolution catastrophique de 1997, un homme a redit tout haut qu'il faudrait bien en passer par là : son vieil ennemi Valéry Giscard d'Estaing.

Entre Giscard et Chirac, on l'a dit, les motifs de haine sont multiples et solides. Mais l'âge en est un supplémentaire. Chirac fut celui qui aida Giscard à devenir, à 48 ans, le plus jeune président français en 1974. Giscard considère qu'il l'a fait battre sept ans plus tard alors qu'il était dans la fleur de l'âge. Entre eux, il y a six ans d'écart. A peine un mandat. Et Giscard ne le supporte pas. Certes, l'ancien président a toujours soutenu la réduction du mandat présidentiel. Mais s'il n'a pas lancé la réforme pendant sa présidence, c'est aussi parce qu'il a goûté les délices du pouvoir. Depuis qu'il a vu son rival entrer à l'Elysée, il ne supporte pas que l'autre en jouisse à son tour et répète partout : « Sept ans, c'est trop long. » La droite a bien compris ce qu'il faut entendre avant tout : c'est trop long avec Chirac.

Depuis 1997 et l'arrivée de la gauche au pouvoir, Giscard s'est aussi persuadé que les électeurs de droite voudraient faire payer à Chirac sa dissolution de la droite. « Ils veulent le voir abréger son mandat », croit-il. Evidemment, l'objet de sa vindicte a bien compris la manœuvre. Mais il est partagé entre deux intérêts : à moyen terme, sa seule chance de réélection reste le quinquennat. On hésite moins à voter pour un homme de 69 ans lorsque son mandat est de cinq ans plutôt que de sept. Mais à court terme, c'est un risque absolu. Et si l'opposition, la pression populaire, la presse, les sondages réclamaient qu'il s'applique la réforme du mandat présidentiel immédiatement et qu'il quitte l'Elysée en 2000 ? Déjà, Lionel Jospin, qui a inscrit le quinquennat dans son programme dès 1995, ne cesse de répéter que les socialistes restent favorables à la réforme si le président y est lui-même prêt. Or, Chirac a au moins une raison de vouloir mener sa prochaine campagne de l'Elysée : la crainte d'une mise en examen par la justice dans les affaires parisiennes. Tant qu'il est président, il est protégé. Et il a bien l'intention de tenter un second mandat sans avoir à renoncer, ne fût-ce qu'une semaine, au statut pro-

tecteur que lui a taillé sur mesure le Conseil constitutionnel.

Le 12 juillet 1999, dans un entretien au *Monde*, Valéry Giscard d'Estaing remet encore le sujet sur le tapis : « Jacques Chirac a souhaité faire un coup, selon le vocabulaire de l'époque, avec la dissolution de 1997, explique-t-il avec cruauté. Ce coup a été malheureux. Cela ne veut pas dire qu'il ne faut pas, le moment venu, faire un coup utile. Je pense à la maxime de Confucius : celui qui a commis une erreur et ne la corrige pas commet une autre erreur. » Il n'y va pas de main morte, Giscard. Il convoque tous les cauchemars de Chirac mais aussi ses images pieuses. « Le quinquennat, souhaité par le maître à penser de Jacques Chirac, Georges Pompidou, dit-il, et voulu par une majorité de Français d'après les enquêtes d'opinion, est une façon de revenir à la V⁵ République. Et de permettre au président de la cohabitation de redevenir le président de l'élection. C'est-à-dire le président de ses électeurs. » Deux jours plus tard, lors de l'interview qu'il donne traditionnellement le jour de la fête nationale, Chirac répète pourtant : « Le quinquennat, sous une forme ou sous une autre, serait une erreur et je ne l'approuverai pas. J'assumerai par conséquent ma mission jusqu'à son terme, et alors les Français jugeront. »

Combien de temps peut-il tenir ainsi, alors que tous ses conseillers le poussent à laisser la porte suffisamment ouverte pour faire volte-face ? Combien de temps peut-il dire non, alors que ses amis savent que son intérêt lui commandera bientôt de dire oui ?

Comme toujours, chez Chirac, les changements de pied suivent un intérêt purement personnel. Le 7 mai 2000, il fête discrètement ses cinq ans à la tête du pays. Le 10 mai, il informe Lionel Jospin qu'il « réfléchit » à une modification de la durée du mandat présidentiel. En langage chiraquien, la « réflexion » veut presque toujours dire que l'action est en cours. Et à l'Elysée, en effet, maintenant que Chirac entame sa sixième année de présidence, le tabou du quinquennat est tombé. Ceux qui auraient pu réclamer une démission anticipée en seront pour leurs frais. Chirac sait en outre que, depuis quelques semaines, le Premier ministre et Valéry Giscard d'Estaing ont pris langue pour accélérer les choses. L'ancien chef de l'Etat s'apprête à déposer une proposition de loi dans ce sens. Lionel Jospin lui a promis l'appui de la gauche plurielle. Chirac ne veut donc pas donner le sentiment de se faire imposer une réforme qui a toujours eu, par ailleurs, l'assentiment des Français.

Il s'applique donc seulement à faire passer le message le plus politiquement sensible : si quinquennat il y a, il ne devra s'appliquer qu'à partir de 2002. Il exige aussi du Premier ministre qu'ils s'accordent sur un « quinquennat sec », c'est-à-dire sans autre réforme institutionnelle susceptible de modifier la nature du régime.

Le 14 juillet 2000, Chirac explique donc sans frémir : « J'ai beaucoup réfléchi. J'ai écouté les uns et les autres. J'ai surtout observé la position prise par le gouvernement et j'en ai conclu qu'on pouvait aujourd'hui raccourcir le délai du mandat présiden-

tiel sans arrière-pensées et sans changer nos institutions et, à partir de là, j'y deviens naturellement
favorable. (...) Je n'ai pas changé d'avis. Il ne faut
pas que l'on puisse dire cela. (...) C'est parce que
j'ai acquis la conviction aujourd'hui que nous étions
dans un moment privilégié où le Premier ministre
et moi-même avions la même vision des choses et
étions d'accord pour limiter la modification de nos
institutions au quinquennat et rien d'autre. Rien
que le quinquennat. »

Rien que le quinquennat. C'est-à-dire, à ses yeux,
rien que la permission de solliciter la faveur de faire
oublier l'âge du capitaine lorsqu'il sera l'heure de
décider s'il doit continuer ou non de tenir la barre.
Chirac choisit le mode de révision constitutionnel
par référendum, fixé au 24 septembre 2000. Pour
le reste, il peut se féliciter d'avoir vu son adversaire
d'hier et son rival de demain, Valéry Giscard d'Estaing et Lionel Jospin, s'acharner à mettre en œuvre
une réforme dont il sera le premier bénéficiaire.

Est-ce parce que les ennemis de Chirac se sont
aperçus trop tard qu'ils venaient de lui servir sur un
plateau un quinquennat salutaire pour sa réélection ? Est-ce parce qu'ils ont compris qu'une fois
l'obstacle de l'âge écarté, sa vitalité resterait son
principal atout politique ? Ou est-ce parce que,
pour la première fois, Chirac paraît physiquement
affaibli que l'hypothèse d'une maladie, voire de la
mort possible de Chirac, naît un mois tout juste
avant le référendum sur la réduction du mandat
présidentiel ?

La rumeur débute, comme souvent, sur un fait
indéniable : le choc que provoque la transformation

du visage présidentiel, le 27 août 2000. Ce jour-là, le chef de l'Etat est venu jusque sur le perron de l'Elysée, pour dire son « soulagement » après la libération de touristes français retenus en otage à Jolo, aux Philippines. Mais Chirac semble ne plus être Chirac. Les traits sont gonflés, les yeux pochés, des cernes bleutés mangent le regard. Une tête impossible pour un chef de l'Etat censé rentrer tout juste de vacances. La voix, surtout, est rauque. Quelques heures plus tard, la rumeur le donne quasiment mourant.

On dissèque un peu partout les causes de l'empâtement présidentiel. Des médecins venus à l'Elysée tenir une table ronde sur l'avenir du système de santé français jurent leurs grands dieux – devant la presse, mais en réclamant prudemment l'anonymat – que le chef de l'Etat suit sans aucun doute un traitement à la cortisone. Quelques kilos en trop ne vous soufflent pas ainsi le visage. Les extinctions de voix – fréquentes lors des discours publics – sont brusquement jugées suspectes. Un conseiller de l'Elysée a reconnu que le président a effectivement suivi en juin un traitement médical. Un autre explique en souriant que, s'il a porté pendant quelques jours un pansement au doigt, ce n'est pas en raison d'une série de prises de sang, mais à cause d'ampoules que lui provoquent les poignées de main à répétition.

Tout paraît nourrir la rumeur d'une maladie. Jusqu'au parrainage pompidolien dont s'est toujours prévalu Chirac. La maladie de l'ancien président n'a-t-elle pas justement débuté comme cela ? Le 1er juin 1973, quand Georges Pompidou s'est rendu à Reykjavík, en Islande, pour rencontrer Richard

Nixon, les caméras du monde entier ont filmé un grand malade qui se traînait. Les traits boursouflés, se tenant à deux mains pour descendre la passerelle de l'avion, gardant coûte que coûte, accroché sur son visage, le sourire crispé de l'homme qui souffre à en mourir. Chirac était alors ministre et se croyait son dauphin potentiel. Pendant des mois, alors que le chef de l'Etat masquait ses malaises et ses hémorragies sous de fausses grippes à répétition, son héritier politique a assuré à la cantonade : « Mais non, il est en train de remonter la pente. Il a juste besoin de repos. » Le 2 avril 1974, Pompidou est pourtant mort. Mais le lendemain de son décès, alors que le journaliste Jean Mauriac racontait sur Europe 1 que lors du dernier Conseil des ministres, le 27 mars 1974, le président était quasi à l'agonie, Chirac est encore allé dans les studios de la radio pour donner sa propre version de l'histoire. Celle d'un président « en excellente forme physique ce jour-là, probablement meilleure qu'il ne l'avait été dans les jours passés [1] ». Un homme, Edouard Balladur – qui a été justement secrétaire général de l'Elysée sous Pompidou –, a cependant été témoin de la maladie de Pompidou et du déni de Chirac. Quand on lui rapporte que la santé de ce dernier est désormais l'objet de toutes les attentions, il lâche seulement : « Ces rumeurs, c'est la maladie de tous les chefs d'Etat.

---

1. Franz-Olivier Giesbert a longuement raconté dans son *Chirac* ce déni face à la maladie puis à la mort de son parrain politique.

Malheureusement, ça a été valable pour Pompidou et Mitterrand et on ne peut pas les empêcher. »

Lors de l'université d'été du parti socialiste, début septembre, on ne parle donc plus que de cela. On cherche le nom du médecin de l'Elysée, on évoque les hôpitaux militaires susceptibles de connaître l'état de la santé présidentielle. « Chirac a été un gros fumeur, n'est-ce pas ? », « Oui et il n'a rompu avec le tabac qu'en 1988, après des années de consommation effrénée ». Sans doute les mitterrandistes, qui ont si longtemps lutté contre les enquêtes de la presse sur le cancer de la prostate de l'ancien président de la République, ont-ils le sentiment de prendre leur revanche. Les autres croient, en tout cas, que la chance leur sourit. Chirac peut être trahi par son corps à défaut de pouvoir être attaqué sur son âge.

Dans les premiers jours de la rumeur, les chiraquiens venus s'enquérir de la santé du président n'ont pourtant obtenu pour toute réponse que quelques mots de Claude, les yeux au ciel : « Que voulez-vous ? On ne peut pas l'empêcher de manger ! » Mais lorsque les conseillers les plus proches ont carrément expliqué : « Monsieur le président, une rumeur court sur votre santé », Chirac a pris les choses en main. Il faut avoir vu la mise en œuvre de la contre-offensive pour comprendre combien l'homme n'est pas du genre à laisser courir une hypothèse qui pourrait l'affaiblir. Un régime alimentaire est entrepris et l'équipe présidentielle prépare un petit argumentaire à l'attention des curieux. A New York, où Chirac s'est rendu pour l'assemblée générale des Nations unies, les 6 et

7 septembre, les conseillers du chef de l'Etat ne manquent pas de souligner sa « grande forme physique malgré le décalage horaire ». Ils racontent son appétit légendaire. Aux plus jeunes, ils assurent qu'en 1988, alors candidat à la présidentielle, il ne se séparait jamais de ses pastilles pour lutter contre une tendance à l'aphonie. Déjà... Puis, aux sceptiques, ils rappellent en dernier recours cette évidence : « Le président a tout de même 67 ans. »

C'est bien cette prise à bras-le-corps de la rumeur qui semble finalement en avoir eu raison. Chirac se le tient désormais pour dit. Il refuse que l'Elysée publie le moindre communiqué médical sur sa santé. Mais il s'attache à donner devant la presse la preuve de sa vitalité.

Quelques semaines plus tard, lorsque le quinquennat est adopté, l'Elysée fête la nouvelle. Qu'importe que le référendum ait surtout connu un taux d'abstention record ! Le président a passé l'épreuve. Et c'est comme si ce succès lui avait redonné implicitement une belle santé.

Lorsqu'il reçoit deux jours plus tard la présidente du RPR Michèle Alliot-Marie, le président du groupe RPR du Sénat Josselin de Rohan et son cher Jean-Louis Debré, il ne s'attache d'ailleurs devant eux qu'aux effets qu'aura deux ans plus tard la réduction du mandat présidentiel. Il le leur dit tout de go : ses 69 ans ne seront plus un handicap en 2002 face à un adversaire qui en affichera alors 64 : « Avec le quinquennat, Jospin et moi, nous sommes désormais à égalité. »

19.

« Ce Jospin, je ne le sens pas »

Un jour, Chirac a posé ses deux mains sur ses épaules. Lionel Jospin était assis juste devant lui, légèrement penché sur ses dossiers. Deux carrures presque semblables, l'une au-dessus de l'autre, posant dans une attitude qui aurait pu passer pour affectueuse. C'était lors d'une session du Conseil de l'Europe, le 11 octobre 1997, et le président tenait paternellement ce nouveau Premier ministre que la dissolution venait de lui donner. Un photographe qui avait le sens des situations politiques prit aussitôt le cliché. Il trône encore dans le bureau de Claude Chirac, rue de l'Elysée.

Chirac ne l'a pas fait deux fois. Ce n'est pas qu'ils n'aient jamais ri ensemble. Ils ont plaisanté sur des diplomates, sur des dirigeants étrangers, ils ont passé des heures de négociations internationales entre la fatigue et l'excitation, unis par le sentiment d'être français face aux partenaires européens. Mais dès qu'il voyait une caméra, un photographe, le Premier ministre s'acharnait à garder son quant-à-soi. « J'embrasse mon rival, mais c'est pour l'étouffer », écrivait Racine dans *Britannicus*. Il ne serait pas dit que Lionel Jospin se laisserait ainsi asphyxier.

Combien de temps Chirac a-t-il mis à comprendre la nature de son adversaire ? Plusieurs mois, sans doute, mais l'apprentissage était essentiel. Car c'est un travers, chez lui, que de ne pas pouvoir combattre l'ennemi dont il n'a pas perçu la mécanique. Or Chirac n'a pas immédiatement saisi les rouages psychologiques et politiques de son adversaire socialiste. En 1995, au fond, il l'avait à peine vu, trop obnubilé par son combat contre Edouard Balladur. Il ne l'a découvert qu'au soir du premier tour de la présidentielle, quand Lionel Jospin est arrivé en tête et qu'il a fallu ensuite préparer le débat télévisé où ils se sont à peine affrontés. Ensuite ? Il l'a quasiment oublié. Au début du mois de mai 1997, Alain Juppé questionnait encore : « Alors, comment le trouvez-vous, ce Jospin ? » avant de lâcher avec condescendance : « Il est tout de même très mauvais, non ? »

Chirac, lui, l'a découvert progressivement. Mais c'est peu dire que, les premiers mois, il n'a pas su comment le décortiquer. Qui était-il ce fils de Mitterrand réclamant le droit d'inventaire ? Comment était-il réapparu, ce chef socialiste qui, quatre ans auparavant, paraissait sur le point d'abandonner la politique, son parti, ses ambitions ? Un ancien apparatchik ou le renouveau de la gauche ? « Ce Jospin, je ne le sens pas », a donc lâché le président devant plusieurs de ses amis. Puis il s'est accroché à quelques certitudes héritées de l'expérience, dont celle-ci : « Il se plantera. C'est la loi de Matignon et je suis bien placé pour le savoir. »

Ensuite, il s'est plongé dans les réminiscences de sa propre cohabitation. Cette mémoire-là était encore un peu douloureuse, onze ans après. Mais il gardait un souvenir tout à fait bluffant, avec le recul : cette alternance de cruauté envers lui et de séduction envers ses ministres dans laquelle François Mitterrand, ce vieux magicien de la politique, les avait proprement ficelés. On ne dira jamais à quel point Chirac a gardé Mitterrand comme un modèle stratégique à suivre. Il a donc adapté à son cas cette méthode qui l'avait tant fait souffrir. Le vieux président avait baladé la droite pendant deux ans entre courtes démonstrations de charme personnalisées et longues séances de torture collective. Chirac y a puisé une part de son inspiration.

Sur quoi frapper ? Comment caresser ? La différence entre Chirac et Mitterrand tient en une opposition parfaite : chez Mitterrand, la cruauté pouvait jaillir dans une improvisation brillante, une intuition géniale de la méchanceté, alors que les bienfaits demandaient à être plus étudiés. Chez Chirac, c'est l'exact contraire. Spontanément, il embrasse volontiers son adversaire. Pour le blesser et le tuer, il a besoin de s'y être préparé.

Lors de son premier 14 Juillet de cohabitation, en 1997, il a donc envoyé Bernadette accueillir « ce jeune couple moderne » que forment Lionel Jospin et Sylviane Agacinski dans les jardins de l'Elysée. Bernadette a discuté longuement avec son mari de cette première grande réception après la défaite de la droite aux législatives. Mais ne l'aurait-elle pas fait qu'elle aurait tout de même saisi, en fine politique qu'elle est, la façon de ligoter l'adversaire. L'épouse du chef de l'Etat est donc charmante. Mais vraiment charmante de chez charmante. Elle leur fait les honneurs du parc et du palais, complimente Sylviane sur sa tenue, propose du champagne, un salon pour se reposer de la foule qui se presse en réclamant des autographes. Ils ont gagné et l'épouse du battu les reçoit avec tant d'élégance...

Mais dans le secret de son bureau, entouré de cette équipe qui a tout entière plaidé pour la dissolution, Chirac se prépare au combat. Oh, bien sûr, dans les jours précédents, il a freiné les ardeurs des plus va-t-en-guerre : « Je ne peux pas l'agresser directement et d'emblée. On en a pour cinq ans, tout de même », a-t-il lâché. Il a donc trouvé le mot qui rassurera les Français : avec lui, la cohabitation sera « constructive ». Mais il faut bien aussi qu'il montre à son camp qu'il reste le patron. Et ce n'est pas évident pour tout le monde. Depuis les désastres de la dissolution, ils sont nombreux ceux qui, à droite, considèrent qu'il faudra bien maintenant se débarrasser de celui qui les a fait perdre. Il y a des types qui autrefois votaient Chirac à deux mains et qui désormais passent devant l'Elysée en jetant des « hum, ça sent le sapin dont on fait les cercueils »...

Devant les journalistes qui l'interrogent, Chirac explique donc sans sourciller qu'il s'est entendu avec son nouveau Premier ministre sur l'attribution des ministères de la Défense et des Affaires étrangères, ce qui est du plus grand classique sous la Ve République. Mais il ajoute « sur la Justice aussi », ce que Matignon dément. Puis il explique sa version de cette « cohabitation constructive » qu'il dit appeler de ses vœux : « Je ne crois pas qu'il y ait un domaine réservé ou un domaine partagé. La Constitution prévoit des choses et ces choses donnent, notamment, une prééminence, et je dirais, donnent un peu le dernier mot au président de la République. » Voilà, c'est dit. Lionel Jospin peut comprendre le message : Chirac ne se laissera pas mettre sur le bas-côté.

Jospin a-t-il pourtant mesuré, de son côté, à quel genre d'adversaire il a affaire ? Au début, en tout cas, il en parle peu. Ses amis voudraient se défouler un peu sur ce président sans pouvoir, il les arrête toujours, même s'il ne le fait qu'avec ironie : « J'interdis qu'on dise du mal de notre bienfaiteur »... Le jour de sa nomination à Matignon, il a seulement confié à ses amis en sortant de l'Elysée : « C'est terrible à dire, mais j'ai été plus impressionné par le bureau que par son locataire. » Pour le reste, ses conseillers restent assez partagés. « Je crois tout de même qu'au début, il l'a un peu sous-estimé », reconnaît Olivier Schrameck, le directeur de cabinet de Lionel Jospin à Matignon. Sous-estimé ? C'est-à-dire un peu méprisé, comme souvent chez ceux qui côtoient Chirac.

« Jospin connaissait Chirac à travers la courte expérience qu'il avait eue, bien longtemps auparavant, comme conseiller de Paris, explique Manuel Valls qui fut, les premières années de la cohabitation, le conseiller en communication du Premier ministre, et surtout, il le connaissait à travers le regard de Mitterrand. Celui-ci lui en avait parlé

maintes fois. Et le portrait n'était pas flatteur. Mais il a compris très vite que Chirac serait l'incontournable référence de la droite. Pour le reste, il est certain que Lionel a toujours jugé sévèrement Chirac, son irresponsabilité, ses mensonges. Mais je ne crois pas qu'il ait sous-estimé l'animal politique. » Le patron du parti socialiste François Hollande, lui, est surtout dur pour le président : « Moi, je crois surtout que Lionel a sous-estimé la malignité politique de Chirac. Il n'arrive pas à comprendre et admettre que l'autre est un menteur. »

En tout cas, Jospin l'observe. Il a même demandé à certains de ses collaborateurs de l'accompagner lors de sommets européens, afin qu'ils aient eux aussi leurs propres regards sur le président. Olivier Schrameck, qui déjeune chaque mois avec Dominique de Villepin, a donc quitté une fois Matignon pour s'en aller jauger le patron du secrétaire général de l'Elysée. Le responsable des enquêtes d'opinion du Premier ministre, Gérard Le Gall, est venu au sommet européen de Biarritz, pour « voir » à son tour celui dont il ne regardait que les courbes de popularité. « J'en suis revenu avec une idée plus claire du personnage, dit-il, j'ai vu combien il est physique, ses gestes, ses regards, sa grande mobilité. » François Hollande, lui, connaissait Chirac par la Corrèze et il ne s'est pas privé de le décrire au Premier ministre. Les manières de bateleur, le clientélisme, l'adoration dont il a longtemps fait l'objet, aussi, là-bas, parmi les paysans à qui il a fait installer l'eau courante et l'électricité.

Mais Lionel Jospin est surtout intrigué par la présence continuelle de Claude Chirac auprès de son père. Il a bien vu que, lors de leurs premiers Conseils européens de la cohabitation, lors de leurs premières conférences de presse communes, Chirac, crispé, cherchait sans cesse le regard de sa fille. Manuel Valls lui a rapporté comment Claude gère chaque détail de la communication de son père. Mais Jospin a encore pour le président la curiosité d'un entomologiste. Il le croit si petit et si faible qu'il ne voit pas vraiment l'autre tisser sa toile.

« Pour tromper un rival, l'artifice est permis. On peut tout employer contre ses ennemis », a écrit Richelieu. Chirac, lui, a décidé d'user de toutes les armes qui lui restent. La droite est dans un marasme absolu et il ne faudra pas compter sur elle, du moins au début. La cohabitation a eu surtout un effet terrible et très concret sur l'Elysée : elle a tari une source essentielle d'information. Désormais, la petite équipe présidentielle ne reçoit plus les notes confidentielles des administrations, ou seulement des choses très générales. Elle ne sait plus ce qui se prépare dans le secret des cabinets ministériels, elle n'a plus la main sur l'ensemble des nominations. En somme, elle est coupée d'une bonne partie de ce qui fait le pouvoir.

Chirac a eu lui aussi, cependant, l'idée de faire observer Jospin. Claude, notamment, s'est fait diffuser le film que Serge Moatti a réalisé sur l'équipe socialiste pendant la campagne présidentielle de 1995. Elle a été très impressionnée par « la modernité », dit-elle, de ceux qui entourent Jospin. Le conseiller en image Jacques Pilhan, qui ne se sait pas encore malade, a longuement parlé de ces leaders de la gauche qu'il a connus lorsqu'il conseillait François Mitterrand. Le conseiller en opinion de l'Elysée, Frédéric de Saint-Sernin, est venu à un sommet européen. Et Chirac n'a pas eu besoin de tous les entendre pour commencer à comprendre que, comme il le dit, il a trouvé en Jospin « un très gros client ».

Il a donc décidé d'appliquer la stratégie que François Mitterrand avait essayée sur lui, de 1986 à 1988 : après avoir marqué son territoire dès le premier 14 Juillet de sa cohabitation, il entreprend de séduire un à un les ministres afin de les neutraliser. Bien sûr, le président n'a pas à forcer sa nature pour être aimable avec tout le monde. C'est un automatisme, chez lui, que de toujours complimenter chacun. Il est d'ailleurs très favorablement impressionné par ce gouvernement qui comprend des hommes et des femmes si politiques. « Je me souviens, raconte Hubert Védrine qui, comme ministre des Affaires étrangères, côtoie plus que tout autre ministre le président de la République, qu'il ne pouvait s'empêcher de dire combien il trouvait notre gouvernement bien meilleur que celui d'Alain Juppé. » Mais surtout, Chirac a repéré dans l'équipe Jospin une demi-douzaine de gros calibres qu'il sera utile de charmer : Claude Allègre parce qu'il est le meilleur ami de Lionel Jospin ; Ségolène Royal parce qu'elle est la compagne du chef des socialistes François Hollande ; Dominique Strauss-Kahn parce qu'il est le ministre de gauche qui séduit le plus la droite ; Martine Aubry parce qu'il la connaît déjà un peu et qu'il a repéré en elle une possible candidate à la présidentielle.

D'Elisabeth Guigou, il a d'abord admiré la beauté et l'intelligence. Mais il s'en méfie comme de la peste, depuis qu'elle a assuré tranquillement au « Club de la presse » d'Europe 1, le 17 mai 1998, que « pour le président de la République, l'article 68 de la Constitution prévoit qu'il ne peut être poursuivi pour les actes commis dans l'exercice de ses fonctions. Mais comme tous les Français, le président de la République peut être traduit devant les tribunaux s'il a commis des délits. Je ne vois pas pourquoi on prévoirait un statut spécial. Pour les infractions de droit commun, il n'y a pas de différence ».

Prenons-les un par un, pour observer un peu Chirac au travail. Avec Ségolène Royal ? Le président multiplie les compliments. Pas sur sa beauté, bien sûr. Chirac est bien trop intelligent pour ne pas voir qu'il est bien plus efficace d'attaquer l'entreprise de charme d'une jolie femme sur ses compétences. Il s'enquiert donc chaque fois qu'il la voit de sa circonscription des Deux-Sèvres, de ses dossiers gouvernementaux, de ses réflexions de ministre. Il doit remettre la médaille de la famille française à des Français méritants, un matin à l'Elysée ? Il rompt avec tous les protocoles pour lui permettre de remettre la fameuse décoration à ses côtés. Claude Chirac, surtout, a été frappée par la façon dont la ministre de la Famille a entrepris de considérablement moderniser les lois qui régissent le couple, le divorce, le statut des enfants, tout en affirmant un cadre solide à la famille. L'Elysée surveille donc son ministère avec attention et se félicite de constater que Lionel Jospin néglige un peu Ségolène.

Quant à Dominique Strauss-Kahn, c'est un homme à surveiller pour l'Elysée. Le ministre est tout ce que la droite n'a pas su, en son propre sein, trouver. Il a le charme d'Alain Madelin mais la rigueur qui lui manquait. Il est l'un des fournisseurs des idées de Lionel Jospin et le héraut des patrons qui se veulent modernes. Il peut faire campagne à Sarcelles en faisant les marchés populaires au bras de son épouse Anne Sinclair, en fourrure. Il parle parfaitement anglais, mais possède aussi l'entregent nécessaire pour tenir une assemblée de parlementaires. C'est un gros bosseur doté d'une étonnante facilité. L'Elysée a toutefois très vite alerté le président sur certaines de ses fragilités. Les juges sont susceptibles de lui trouver quelques affaires. Il faudra bien les observer.

Avec Martine Aubry, l'affaire est plus complexe. Chirac considère qu'il lui doit indirectement une fière chandelle, mais il la surveille comme le lait sur le feu. Il y a entre eux deux dîners qui datent de 1994. A cette époque, Chirac était encore dans les profondeurs des cotes de popularité et n'avait qu'une crainte : que Jacques Delors, le père de Martine Aubry, ne se présente. Chirac avait donc pris l'initiative de demander au financier Marc Ladreit de Lacharrière – le patron de la Fimalac qui contrôlait non seulement *Valeurs actuelles* et la Sofres mais figurait aussi comme vice-président de la Fondation Agir contre l'exclusion (FACE) de Martine Aubry – de lui organiser une rencontre avec elle. « Nous n'avions pas tellement parlé de politique, mais il était très content parce que j'avais été l'une des premières à dire que Balladur était une illusion », a raconté Martine Aubry[1]. Chirac en a surtout retiré une certitude essentielle : Martine Aubry ne semblait pas travailler dans une perspective présidentielle ni pour elle ni pour ses proches. C'est-à-dire pour son père. Depuis, il suit le parcours de la fille. Les 35 heures, qu'elle porte comme le projet le plus novateur de la gauche, lui ont paru d'abord une douce utopie. Maintenant que la ministre des Affaires sociales et de l'Emploi les met en place à marche forcée, il n'en finit pas de réclamer des enquêtes sur la perception qu'ont les Français de la réduction du temps de travail. Martine Aubry est bien consciente de tout cela lorsqu'elle sourit à Chirac. Mais elle le fait comme un animal politique qu'elle est elle-même. Sait-elle seulement que Chirac fait faire des notes sur sa popularité et surveille sa cote de présidentiable dans l'hypothèse où elle viendrait à représenter la gauche en 2002 ?

Mais le chef-d'œuvre de son entreprise de charme reste Claude Allègre. Avec le ministre de l'Education nationale, il multiplie les blagues, les accolades, les tapes dans le dos. Et parvient à ce qui fera sortir de ses gonds Lionel Jospin : se faire photographier à Moscou, tenant le bras d'un Allègre hilare à ses côtés. Jean-Pierre Chevènement, lui, a eu droit à de multiples messages d'amitié, à des appels téléphoniques lorsqu'il a eu son accident opératoire et s'est

---

1. Le détail de ces dîners a été relaté dans *Chirac président, les coulisses d'une victoire,* de Raphaëlle Bacqué et Denis Saverot, *op. cit.*

trouvé entre la vie et la mort. Le président est aussi aux petits soins avec le ministre des Affaires européennes Pierre Moscovici, lorsqu'ils sont dans des sommets communs. Il a toujours une blague prête pour le ministre communiste des Transports, Jean-Claude Gayssot, et ce dernier a même eu droit à la visite de Bernadette Chirac, venue à la tête d'une délégation d'élus du Limousin évoquer le tracé du TGV Poitiers-Limoges.

Combien de temps Chirac a-t-il pensé que Lionel Jospin supporterait cette affection démonstrative à l'égard de ses proches ? Il rit en tout cas comme un enfant lorsqu'il apprend que le 4 novembre 1999, lors du déjeuner bimensuel qui réunit les membres de son gouvernement, le Premier ministre a franchement chapitré ses ministres : « Arrêtez d'être sympas avec Jacques Chirac. Chirac n'est pas sympathique, lui. En rien. » Pendant les mois qui suivent, lors des Conseils des ministres, Claude Allègre, qui se tient alors à côté du président, en est réduit à guetter avec inquiétude le regard de Lionel Jospin lorsque le chef de l'Etat se penche sur son épaule pour lui glisser une confidence...

Au final, la tactique s'avère payante : dès février 1998, Chirac a retrouvé intacte sa cote de popularité d'avant la dissolution : 54 % de Français satisfaits de son action contre seulement 33 % de mécontents. Un an plus tard, il continue de maintenir la fiction d'une cohabitation constructive et charmante. Mais en réalité, c'est une guerre d'usure qu'il a décidé de livrer.

20.

Cohabiter avec son adversaire

Etre Premier ministre est un boulot de chien. Matignon est connu, dans le milieu politique, pour vous lessiver n'importe quel individu normalement constitué. Le poste est épouvantable, la charge de travail énorme, les sollicitations incessantes et les journées n'ont pas de fin. Il faut y rendre dix arbitrages essentiels par jour et les trois quarts des chefs de gouvernement ont mis plus de six mois à se remettre d'une pareille épreuve.

« Matignon est un truc à emmerdes et je suis bien placé pour le savoir », a lâché Chirac dès l'arrivée de Lionel Jospin. Ce n'est pas qu'il n'ait pas été lui-même heureux lors des deux périodes qu'il a passées à la tête du gouvernement, bien au contraire. Malgré les chausse-trapes tendues par Mitterrand, il a adoré, surtout les années 1986 à 1988. « Ce fut une époque formidable, assure Christine Albanel qui était alors membre du cabinet du Premier ministre Chirac. Nous formions un assemblage de gens éclectiques et disparates avec une ligne politique cohérente. Chirac travaillait comme un fou, son directeur de cabinet Maurice Ulrich était un vrai patron. Nous n'étions pas persuadés que nous allions gagner la présidentielle de 1988, mais nous étions dans l'action joyeuse. » « Matignon, c'est une galère, nuance pour sa part Maurice Ulrich, mais du fait de la personnalité de Chirac, c'était parfait. Il adore avoir un agenda chargé jusqu'à la gueule et ne se met jamais en colère. Mais nous avons eu notre comptant de difficultés : les attentats, les otages, la sécurité, mais aussi une économie avec des instruments d'un autre âge. Et là-dessus, la cohabitation avec Mitterrand. »

Chirac, justement, a pris bien soin de gérer calmement son temps à la lumière de cette expérience. Cinq ans de cohabitation ne se mènent pas comme la guerre éclair de deux ans de la période Mitterrand. Il faut d'abord se soumettre à la volonté du suffrage universel qui a amené la gauche au pouvoir, puis tenir et enfin exister. Après les premières années de charme et de séduction, Chirac sait donc qu'il lui faudra peu à peu se démarquer de son Premier ministre avant de franchement l'affronter.

Doute-t-il d'ailleurs seulement que Jospin se présente en 2002 contre lui ? Il sait bien que le Premier ministre, fier de son épouse, répète à qui veut l'entendre qu'il a autre chose que la politique dans sa vie et qu'il ne rêve pas chaque jour et chaque nuit d'entrer à l'Elysée. Mais Chirac prend cela comme une coquetterie. Ses conseillers, eux, ont pu être ébranlés parfois. Frédéric de Saint-Sernin, qui surveille chaque soubresaut de l'opinion, lui a fourni une note un jour, par souci de sécurité : si Lionel

246

Jospin renonçait à être candidat, qui pourrait être le leader de la gauche à la présidentielle ? Il a dessiné le portrait de Martine Aubry. Evidemment, une femme, plus jeune, sortie du gouvernement avec un bilan positif de ministre des Affaires sociales et bien implantée localement pourrait représenter un danger pour le président, a-t-il noté. Mais Chirac a balayé tout cela d'un revers de main : « Vous verrez, c'est Jospin qui ira. »

Depuis, il attend que son futur rival en 2002 se heurte aux premières vraies difficultés. Il est surpris, pourtant, de constater que le Premier ministre continue, dans les sondages, à garder la confiance des Français. Il guette le fameux « décrochage » dans les enquêtes de popularité et celui-ci ne vient pas.

C'est une ligne difficile à tenir que de combattre un adversaire qui paraît tenir solidement debout. Mais Chirac s'y emploie chaque fois qu'il le peut. Il envoie quelques piques au gré de ses discours et de ses interventions télévisées. La réforme des 35 heures rencontre-t-elle les faveurs des Français ? Il attaque le gel des salaires qui accompagne sa mise en place. La situation économique s'améliore ? Il reproche au gouvernement de ne pas utiliser la « cagnotte » des excédents budgétaires pour réduire les déficits et assainir la situation financière de la France. Mais il est des dossiers plus délicats pour le président.

La justice, on l'a dit, est la grande affaire qui empoisonne son septennat. Et, dès 1996, il a dû se prononcer pour des réformes – notamment de l'indépendance du parquet à l'égard du garde des Sceaux – qui n'auraient jamais eu sa faveur s'il n'avait pas été contraint de parer au plus pressé : éloigner le soupçon de vouloir empêcher la progression des juges vers lui. L'arrivée de la gauche ne l'a pas sauvé pour autant de ses promesses. Car c'est Elisabeth Guigou qui s'est chargée de mettre en œuvre une partie des changements que Chirac avait affirmé vouloir. Et le président a été obligé de les soutenir. Contre l'avis de la droite. Contre l'avis des chefs du RPR de l'époque, Philippe Séguin et Nicolas Sarkozy, qui ont refusé de voter en première lecture la réforme du Conseil supérieur de la magistrature, non seulement par désaccord sur le fond mais pour ne pas voter avec la gauche.

Chirac humilié par la gauche et désavoué par son camp. Jospin ne pouvait rêver mieux. Pourtant, le président ne supporte pas de voir les socialistes se féliciter de l'avancée des juges. Bien sûr, il a noté que le Premier ministre ne soutenait aucunement l'initiative du député socialiste Arnaud Montebourg qui a entrepris, jusqu'à l'arrêt de la Cour de cassation d'octobre 2001, de récolter les signatures de la cinquantaine de députés nécessaires au renvoi du chef de l'Etat devant la Haute Cour. Mais il est convaincu que Matignon exploite les « affaires ».

Le 28 mars 2001, lors du tête-à-tête hebdomadaire qu'il a avec Lionel Jospin, avant le Conseil des ministres, Chirac lui a donc expliqué avec une froide colère qu'il ne gagnerait rien à affaiblir la fonction présidentielle qu'il pourrait occuper un jour. Le Premier ministre ne s'est pas démonté :

« Nous menons une politique que vous avez soutenue un moment », a-t-il rétorqué. Depuis, Patrick Devedjian, Nicolas Sarkozy peuvent bien expliquer qu'il faudra revenir sur l'indépendance du parquet, Chirac, qui les a soutenus, se sent coincé.

Depuis toujours, Chirac considère également la Corse comme un dossier à difficultés et ne veut surtout pas prendre le risque de s'en mêler. Certes, après l'assassinat du préfet Claude Erignac, le 6 février 1998, puis face à la poussée des nationalistes, il a bien dépêché son chef de cabinet Bertrand Landrieu, qui suit les affaires de police et de terrorisme, et son conseiller politique, Maurice Ulrich, qui se passionne pour la Corse, rencontrer le ministre de l'Intérieur Jean-Pierre Chevènement. Certes, il suit avec attention les actions du préfet Bernard Bonnet. Mais il marque sur le sujet une attitude des plus ambivalentes. Conciliant en privé, il laisse la droite monter violemment au créneau lorsqu'il paraît clair que des gendarmes et le préfet Bonnet – malgré les vives dénégations de ce dernier – ont mis en œuvre l'incendie d'une paillote construite illégalement sur la côte littorale. Au Conseil des ministres, il souffle une alternance de chaud et de froid en évoquant les « graves dysfonctionnements de l'Etat » en Corse. Mais devant Jospin qui s'insurge que l'on parle de dysfonctionnements alors que le préfet et les gendarmes ont été sanctionnés, Chirac reprend tranquillement : « A partir du moment où un préfet et des gendarmes sont mis en cause, je parle de dysfonctionnement. Si le terme vous gêne, je peux en trouver un autre. Le gouvernement ne doit pas se sentir visé. »

Désormais, il ne prendra jamais de position claire sur le processus engagé par Matignon pour tenter de trouver un statut politique satisfaisant dans l'île. Car le problème de Chirac sur le dossier corse est double. D'abord, il ne sait que trop bien, lui qui était Premier ministre lors de la fusillade d'Aléria, en 1975, que la situation dans l'île est depuis des années explosive. Il sait aussi que la droite a alterné les stratégies, négociant un jour avec les nationalistes, leur fermant la porte le lendemain. L'ancien ministre de l'Intérieur Jean-Louis Debré garde lui-même un souvenir humiliant de la conférence de presse qu'ont tenus à Tralonca des indépendantistes en cagoule, au lendemain de rencontres avec ses émissaires. Il sait enfin que nombre des élus corses de droite sont favorables au processus de Matignon en cours et qu'il ne peut paraître fermer la porte à une expérience d'autonomisation régionale alors qu'il veut apparaître comme décentralisateur.

Déjà, au sein même du RPR, Edouard Balladur et Nicolas Sarkozy lui ont fait remarquer que la droite ne pourrait se permettre de fermer la porte à toute solution négociée du problème. « Avec qui discuterez-vous plus tard, si ce n'est avec les élus de l'île ? » a lancé Sarkozy. Lors d'une rencontre privée avec des journalistes, le 16 septembre 2000, Chirac confie : « Il existe un problème en Corse depuis très longtemps et la situation n'a cessé de se dégrader. On ne peut donc qu'approuver ceux qui disent que cela ne peut plus durer. Que l'on demande conseil à l'assemblée de Corse est une méthode que personne ne peut contester. On pouvait trouver d'autres moyens, mais après tout, celui-ci n'est pas le plus mauvais. » Sur le fond, d'ailleurs, il hésite à se prononcer sur ce qui est le cœur du processus de Matignon : le transfert, à moyen terme, de compétences législatives. Il se borne seulement à rappeler son attachement « au pacte républicain », ce qui ne mange pas de pain. Et lorsqu'on lui rappelle que plusieurs de ses proches et de ses amis politiques déplorent son silence, Chirac n'a qu'une réponse : « Eh bien, qu'on déplore ! »

Car Chirac est bien décidé à surfer sur l'opinion. Et si la gauche peut résoudre certains dossiers, cela fera toujours cela de moins dans l'escarcelle de son gouvernement s'il venait à l'emporter.

Bien souvent, plutôt que de contrer le gouvernement, Chirac va donc l'utiliser et le doubler. Mais c'est l'affaire de la vache folle qui a fini par tout envenimer. Lorsque, le 25 octobre 2000, le président de la République évoque la nécessité d'interdire les farines animales responsables de la diffusion de la maladie de la vache folle – « Je sais que c'est facile à dire et très difficile à faire, mais c'est le seul discours audible par l'opinion publique », dit-il en Conseil des ministres –, il sait fort bien que le gouvernement étudie cette mesure. Il sait aussi que l'interdiction pose maints problèmes techniques et écologiques puisqu'il faudra stocker et détruire les farines animales retirées du marché. Mais il juge que le Premier ministre ne répond pas avec assez de rapidité à l'inquiétude de l'opinion publique. Et il a décidé, sur ce sujet, de le devancer.

Le 7 novembre, le président, ancien ministre de l'Agriculture, ami fidèle des paysans, se lance donc et réclame publiquement l'interdiction des farines animales. Branle-bas de combat au gouvernement où il faut maintenant lutter contre un soupçon de l'opinion : Lionel Jospin a-t-il pris la mesure de la gravité de la situation ? L'épisode a été raconté, mais il marque bien le début de leur combat. Car Jospin paraissait jusque-là ne pas tout à fait comprendre la mécanique politique chiraquienne. « Chirac fait de la politique à l'ancienne, juge François Hollande. Ce qui compte, pour lui, c'est de marquer le point. Et ça, Jospin ne l'admet pas. » « Longtemps, j'ai cherché comment l'attaquer, poursuit Hollande, puis j'ai trouvé l'angle majeur : il ne faut pas le prendre au sérieux. Il est dans le jeu politique, mais il ne faut pas accréditer l'idée que ce qu'il dit a un sens. Chirac est un menteur, la contradiction fait partie intégrante du personnage. Il faut donc seulement l'attaquer sur la forme. »

Après la vache folle, Jospin n'a plus qu'une idée : se venger. « Mitterrand me l'avait bien dit, ce type est un menteur ! Ce n'est pas un homme d'Etat », répète-t-il. Désormais, il rendra lui aussi les coups. C'est ainsi que, quelques semaines plus tard, il engage la réforme du calendrier électoral : les législatives seront organisées après la présidentielle. Depuis des semaines, déjà, François Bayrou assurait à qui voulait l'entendre qu'il faudrait résoudre cette affaire de « calendrier dingo ». Aux yeux de l'opinion, l'affaire passe quasiment inaperçue. Mais politiquement, elle est essentielle. Car Lionel Jospin a toujours pensé qu'en cas de défaite de la gauche aux législatives, il ne pourrait pas, politiquement, se présenter à la présidentielle. Alors que chacun pense, l'Elysée compris, que les législatives précédant les présidentielles contraindront les adversaires de droite de Chirac – Bayrou, Madelin, Pasqua notamment – à passer des accords d'union avec le RPR. C'est bien pour cela que François Bayrou s'est soudain senti totalement en phase avec Matignon. Jospin veut avoir sa chance avant et ne veut pas laisser tous les atouts à son adversaire. Si Chirac doutait encore qu'il soit candidat, cette fois, il est fixé.

Entre les deux hommes, désormais, la « cohabitation constructive » n'est plus qu'un lointain souvenir. Jospin, qui parlait encore respectueusement du « président », est passé à « Chirac », et même, en petit comité, à « l'autre ». Il n'en finit plus de juger son adversaire « démagogue », « irresponsable », « indigne d'un homme d'Etat », « capable de tous les coups ». En un mot, il le méprise. Et Chirac le lui rend bien. Ce Premier ministre qu'il ne « sentait pas bien », dont il ne percevait pas encore tous les ressorts de la personnalité, lui apparaît maintenant sous un jour nouveau. « Il est raide, il ne passe pas auprès des Français », lâche-t-il désormais. Et pourtant, la France tourne.

Le contact entre l'Elysée et Matignon ? « Il est convenable », assurent dans un bel ensemble Olivier Shrameck et Dominique de Villepin. Sur le téléphone interministériel qui les relie directement, Villepin a le numéro 224, Schrameck le 402 et, ma foi, le 224 appelle régulièrement le 402 sans qu'on entende d'éclats de voix. Chaque jeudi, le directeur de cabinet du Premier ministre propose au secrétaire général de l'Elysée un train de nominations que ce dernier approuve ou non le samedi suivant. « Nous n'avons jamais eu de vraies difficultés à nous accorder », assure Olivier Schrameck. C'est à voir. Car le président de la République reste très vigilant sur tous mouvements dans la justice et la police.

A cet égard, le conflit qui oppose, à partir d'avril 2001, Matignon et l'Elysée sur le sort d'Yves Bertrand est éclairant. Ce dernier occupe les fonctions très délicates de directeur central des Renseignements généraux depuis 1992, un record de longévité dans ce domaine. Formé à l'école très politique de Raymond Marcellin, ministre de l'Intérieur de 1968 à 1974, Yves Bertrand a profondément réorienté les Renseignements généraux, notamment sur tout ce qui concernait le suivi des partis politiques. Mais il est aussi le détenteur de nombreuses informations sur les affaires politico-financières, en particulier sur la mairie de Paris, qui intéressent au plus haut point l'Elysée. A plusieurs reprises, le patron des RG a refusé aux juges, qui les lui réclamaient pour alimenter leurs dossiers d'instruction, des « notes blanches » qui pourraient s'avérer précieuses. Matignon soupçonne aussi les RG d'abriter nombre de fonctionnaires proches de Charles Pasqua. Mais l'Elysée a beau jeu de refuser le départ de Bertrand : celui-ci n'a-t-il pas été nommé par un ministre socialiste, Philippe Marchand, sous la présidence de François Mitterrand ? Le départ de Bertrand se trouve gelé. Est-il le seul haut fonctionnaire dans ce cas ? Il y a d'autres conflits sur les préfets, les magistrats, surtout. Olivier Schrameck reproche au conseiller justice de l'Elysée, Jean-Claude Antonetti, de trop pousser la promotion des magistrats les plus conservateurs. Chirac assure que le gouvernement ne promeut que des procureurs de gauche.

Jacques Chirac et Lionel Jospin se sont pourtant rapidement aperçus que la guerre déclarée ne leur serait d'aucun bénéfice. Chaque fois qu'ils ont tenté de l'amorcer, ils ont perdu tous deux des points dans les sondages. Comme si leur sort était, jusqu'à la présidentielle, indissolublement lié. Mais Chirac ne s'est jamais gêné pour envoyer ses lieutenants de la droite attaquer, dans l'hémicycle ou dans la presse, le chef du gouvernement. L'opinion en est-elle vraiment dupe ? Jospin rend coup pour coup et n'a jamais considéré le président autrement que comme « le chef de l'opposition ». Ils se livrent à une bataille de communication incessante. Claude Chirac s'y entend comme personne pour faire en sorte que le président garde toujours la prééminence dans les médias. Le 16 septembre 2001, lorsque est organisée aux Invalides une cérémonie en mémoire des victimes des attentats contre le World Trade Center de New York, les services du protocole insistent pour que Roger Romani, qui doit représenter le chef de l'Etat, dépose sa gerbe avant le Premier ministre. Lorsque l'usine AZF de Toulouse explose, faisant des dizaines de morts et des centaines de blessés, le président grille encore la politesse à Lionel Jospin qui a été prié de l'attendre à la préfecture et se rend directement sur le site où sont accueillies les victimes. Matignon, de son côté, ne prévient qu'au tout dernier moment que le directeur de cabinet du Premier ministre, Olivier Schrameck, publie un livre, *Matignon, rive gauche*, passablement critique sur la cohabitation.

Chaque face-à-face est une épreuve. Chaque geste est devenu un enjeu. Mais Jacques Chirac et Lionel Jospin savent tous deux que leur affrontement ne pourra s'exprimer dans toute sa violence que dans les derniers mois précédant la présidentielle. « Entre eux, vous verrez, le combat sera physique », a déjà pronostiqué Nicolas Sarkozy. En attendant, Chirac doit ravauder au petit point son camp et dégager le terrain du premier tour de la présidentielle. Ce chantier-là est, pour lui, d'abord à droite. Face à des hommes dont beaucoup ont rêvé, pendant des années, d'enfin lui succéder.

21.

Ecarter les rivaux

La politique est une affaire de tueurs et Chirac n'a pas qu'un seul adversaire à abattre. De son combat avec Lionel Jospin, il sait que l'issue se jouera, en quelque sorte, « à la régulière » dans cette bataille droite contre gauche dont il est certain qu'elle est la règle inaltérable de toutes les élections présidentielles de la Ve République. Mais avant cet ultime affrontement, il se doit d'abord de neutraliser certains généraux dans son propre camp.

Depuis qu'il est entré en politique, c'est une guerre dont il connaît presque tous les aspects. Il peut bien paraître sympathique à l'opinion publique, son bras n'a jamais tremblé lorsqu'il fallait mettre à terre un adversaire. Beaucoup ne s'en sont jamais relevés. « Il a fait le vide autour de lui », dit-on communément à droite lorsqu'on lui cherche une alternative possible. « Chirac aime les gens dont il a besoin », assure tranquillement Nicolas Sarkozy. Les autres, il fait en sorte qu'ils ne lui barrent pas le chemin.

Dans cet ultime combat auquel il se prépare pour assurer sa réélection, il a compté depuis le début de son septennat près d'une demi-douzaine d'adversaires qui peuvent le menacer dans son ambition. Ce n'est pas rien. C'est même suffisant pour le ramener, au premier tour, à cet étiage de 20 % des voix qu'il n'a jamais pu dépasser lors des trois précédentes élections présidentielles. Ce score médiocre reste dans sa mémoire comme une sourde humiliation. Depuis sept ans, sa liste s'est à peine modifiée d'un ou deux noms. En tout cas, il pourrait les citer les yeux fermés. Ils s'appellent Jean-Marie Le Pen, Charles Pasqua, Philippe Séguin, Alain Madelin et François Bayrou. Les autres ne sont que leurs lieutenants.

De Jean-Marie Le Pen, Chirac n'a toujours parlé qu'avec dégoût. Et l'autre le lui rend bien. Le Pen hait Chirac. Il le hait depuis que celui-ci, avec Alain Juppé, a mis le holà aux tentations que caressait le RPR d'une alliance avec le Front national. Il le hait depuis qu'il a choisi l'Europe en 1992, depuis qu'il a reconnu le 16 juillet 1995 la responsabilité de l'Etat français dans la « faute collective » qu'a été Vichy. Le Pen a la détestation facile, mais Chirac est l'une de ses bêtes noires. Le chef du Front national n'a jamais été si conscient de sa puissance que lorsqu'il a provoqué soixante-seize triangulaires contre des candidats de la majorité RPR-UDF aux législatives de 1997 qui suivirent la dissolution. Au soir du deuxième tour marquant la débâcle de la droite, au siège du FN, à Saint-Cloud, on a débouché les bouteilles de mousseux. « C'est nous qui buvons et c'est Chirac qui trinque », rigolait Le Pen, rouge d'excitation. Depuis, les deux hommes se livrent à un combat à mort.

« Le président a une détestation viscérale et culturelle de l'extrême droite », assure Jérôme Monod. Et tous ceux qui sont venus dire qu'il faudrait peut-être discuter avec Jean-Marie Le Pen ou avec Bruno Mégret se sont fait rembarrer. Au sein même du RPR, Chirac peut d'ailleurs compter sur plusieurs éléphants du gaullisme, parmi lesquels Alain Juppé, Philippe Séguin et Nicolas Sarkozy, pour s'accorder avec lui sur cette ligne. Lors des élections régionales de 1998, ceux-ci se sont battus pour empêcher les faibles troupes de la droite de se jeter dans les bras de cette extrême droite qui paraissait tenir encore la clé de bien des présidences de région. Lorsque cinq barons ont vendu leur âme au diable pour garder leur siège à la tête des conseils régionaux, Chirac a publiquement rappelé combien le FN se situait « à l'opposé des traditions françaises ». Il n'a pas levé le petit doigt pour empêcher l'exclusion du RPR de l'ancien secrétaire général du mouvement gaulliste, Jean-François Mancel, qui avait fait alliance avec le FN pour sauver sa présidence du conseil général dans l'Oise. Quelques années auparavant, Mancel avait choisi Chirac pour être le parrain de l'un de ses enfants. Cela ne l'a pas sauvé du mépris présidentiel. Dans ce sauve-qui-peut général des généraux de la droite, Chirac a même téléphoné à Charles Millon, l'ancien ministre de la Défense qui l'avait soutenu dans l'adversité, pour le conjurer de ne pas conclure une alliance empoisonnée destinée à sauver sa présidence à la tête de la région Rhône-Alpes. L'autre a pactisé quand même. L'Elysée lui a fermé la porte au nez.

Cette intransigeance n'a jamais été évidente. Combien de lieutenants RPR sont-ils venus plaider la possibilité de discuter au moins avec Bruno Mégret ? Combien de jeunes espoirs, à l'instar de Jean-François Copé, d'Eric Raoult, de Pierre Bédier, soumis aux coups de boutoir de l'extrême droite à Meaux, au Raincy, à Mantes-la-Jolie, sont-ils venus dire que leurs électeurs ne verraient pas d'un mauvais œil que l'on discute, que l'on s'entende, qu'on ne ferme pas la porte ?... Jusqu'à Edouard Balladur qui, pour gagner la région Île-de-France, proposa d'ouvrir le débat sur la préférence nationale. Chirac a toujours tenu bon. Au nom des valeurs républicaines. Au nom de la stratégie, aussi : faire alliance avec le FN, c'était perdre les voix des centristes.

Car Chirac, même s'il tient une ligne morale, n'oublie jamais tout à fait ses intérêts politiques. Lors des municipales de 2001, c'est bien lui qui a appelé personnellement Charles Millon, le pestiféré parti fonder son propre mouvement, La Droite, pour le conjurer de faire alliance avec le candidat RPR Jean-Michel Dubernard et garder ainsi Lyon dans l'escarcelle de l'opposition. « Tiens, tu te souviens de mon numéro de téléphone, maintenant ? » demanda Millon. « Allons, Charles ! s'entendit-il répondre, sois raisonnable. Si tu veux, je te recevrai prochainement à l'Elysée. » Mais c'est qu'il croyait alors l'extrême droite vaincue par elle-même, depuis que Bruno Mégret avait décidé de fonder son propre parti, le MNR, et d'affronter lui-même Jean-Marie Le Pen.

Maintenant que l'échéance présidentielle approche, il n'est plus si certain que l'extrême droite sera neutralisée. « Evidemment, tout le monde a pensé dans l'entourage de Chirac que la meilleure façon de limiter le score potentiel de Le Pen serait encore d'aider Bruno Mégret à se présenter, explique Jérôme Peyrat, qui dirige la communication du mouvement gaulliste. Mais le sujet est absolument tabou entre nous. Et je ne crois pas que quelqu'un ait osé vraiment en parler à l'Elysée. » Cela n'empêche pas Chirac de regarder attentivement les enquêtes et les résultats des élections partielles. Car il sait bien que Jean-Marie Le Pen n'a plus grand-chose à perdre. Le président du Front national a depuis longtemps fait ses calculs. A 73 ans, il n'a aucun espoir de l'emporter. Mais il voudrait terminer en beauté. Et son plus beau succès serait encore d'être ce troisième homme qui peut faire chuter Chirac.

Ils sont nombreux, ceux qui veulent l'empêcher d'accomplir un second mandat. Et parmi eux, on trouve un ancien ami : Charles Pasqua. Ah, Pasqua ! Ils en ont fait des coups ensemble. Ils ont fondé le RPR, organisé des élections, terrorisé les terroristes, rigolé, bu, fait et défait des carrières. Mais depuis 1988, Chirac sait bien que celui que Claude a longtemps appelé « oncle Charles » ne croit plus en lui. En 1990, il l'a vu s'allier avec Philippe Séguin pour tenter de lui ravir la présidence du RPR. En 1994, Pasqua a choisi Balladur. Balladur ! Celui que Charles avait toujours traité au mieux de « casse-couilles », au pire de « bourgeois libéral bradeur du gaullisme ». Faut-il que Pasqua ait méprisé Chirac ! Depuis, Pasqua cherche une issue politique. Après quelques semaines d'hésitation, il a rompu,

261

le 1ᵉʳ janvier 1999, avec le RPR, en prenant prétexte de la révision constitutionnelle préalable à la ratification du traité d'Amsterdam. « J'aime bien Chirac, mais je préfère quand même la France », a-t-il écrit au début de son livre intitulé, en référence au slogan de la campagne présidentielle de Chirac en 1995, *Tous pour la France*[1]. Mais Charles a encore quelques beaux restes. Lors des élections européennes, en 1999, en faisant alliance avec Philippe de Villiers, il a littéralement mangé la laine sur le dos du RPR. Chirac s'est peu à peu tranquillisé en voyant les ennuis judiciaires de Pasqua. Son ancien allié, Philippe de Villiers, s'est rebellé et lui a porté des coups efficaces si l'on en juge par sa baisse régulière dans les sondages. Pourtant, l'ancien compagnon a été l'un des premiers à déclarer sa candidature à la présidentielle. Mais il aura 75 ans en 2002, il est sous le coup de multiples mises en examen et Jean-Pierre Chevènement lui a d'ores et déjà volé une partie de son fonds de commerce. Chirac en est désormais convaincu : « Il n'ira pas jusqu'au bout. »

En fait, le président s'est toujours beaucoup plus méfié de l'ancien compère de Pasqua, Philippe Séguin. Depuis la tentative de putsch de 1990, il est convaincu que Séguin veut se présenter à la présidentielle. Contre lui. « C'est ridicule ! » lui lance régulièrement Bernadette, qui « a toujours beaucoup aimé Philippe ». Séguin lui-même, devant le conseil national du RPR, en 1998, alors que Chirac

---

1 Charles Pasqua, *Tous pour la France*, Albin Michel, 1999.

était au plus bas, a expliqué désolé : « Le mouvement ayant été créé par qui l'on sait, on imagine mal son président se dresser ou, a fortiori, se présenter contre le président de la République sortant. » Mais Chirac n'en démord pas.

Déjà, en 1994, il a eu toutes les peines du monde à le ficeler dans son équipe de campagne. Séguin levait sans cesse les yeux au ciel et s'exaspérait de se trouver aux côtés de Bernard Pons et de Jean-Louis Debré pour penser la stratégie d'un Chirac qui paraissait indécis. Mais Séguin considère tout de même que sa part n'a pas été négligeable dans la victoire de 1995 et qu'il n'en a pas suffisamment été remercié. Surtout, il ne supporte pas de voir Chirac éternellement lui préférer Alain Juppé. Il a bien noté qu'aux lendemains de la dissolution Chirac a choisi de perdre les élections plutôt que de le présenter aux électeurs comme une alternative à Juppé. Après la débâcle de la droite, il a bien compris que Chirac faisait tout son possible pour l'empêcher de prendre le RPR. Mais Juppé était exsangue, il n'a pas pu lutter. Depuis, entre les deux hommes, la méfiance ne s'est jamais effacée.

Chirac ne comprend pas Séguin. Pendant toute la période où il a présidé le RPR – Séguin s'était choisi comme secrétaire général la bête noire des Chirac, Nicolas Sarkozy –, l'Elysée n'a eu de cesse d'organiser des réseaux parallèles au mouvement gaulliste. Mais Chirac n'a pas compris que l'autre ait démissionné de sa présidence et abandonné la tête de liste aux européennes à quelques semaines des élections. Pour Chirac, la politique est un jeu de poker où chacun joue son coup. Pour Séguin,

263

elle est une affaire d'idées. Allez faire une alliance avec cela...

Chirac tente pourtant depuis quelques années de tirer au mieux parti de celui qu'il pressent comme un rival. Lors des municipales parisiennes, c'est donc lui qui accepte que Séguin se porte à la candidature. Bien sûr, il laisse sa fille Claude et son secrétaire général Dominique de Villepin organiser en sous-main la candidature de Françoise de Panafieu. Mais il est convaincu d'une chose : « Ou il gagne Paris, et il sera scotché dans son fauteuil de maire, ou il perd et il sera éliminé de la course à la présidentielle. » Séguin a perdu. Mieux, il a fait une campagne épouvantable qui l'a définitivement décrédibilisé au sein même du RPR. Depuis, Chirac considère que la menace est écartée.

Mais il en reste encore deux ! Alain Madelin et François Bayrou. Ce ne sont pas les plus puissants politiquement, mais ils appartiennent à cette nouvelle génération (Madelin aura 56 ans en 2002, Bayrou 51 ans) qui peut faire vieillir d'un coup Chirac. De Madelin, le président a toujours dit qu'il était un « zozo ». Ce n'est pas qu'il n'apprécie pas ce libéral qui a jeté sa cravate aux orties mais a gardé de ses origines ouvrières un accent gouailleur et une solide détestation des manières bourgeoises. Mais Chirac l'a vu à l'œuvre comme ministre de l'Economie en 1995. Madelin détonnait franchement dans les milieux policés de Bercy. Très au fait de toutes les dernières études anglo-saxonnes sur les finances et l'économie, le ministre insupportait Alain Juppé à mettre les pieds sur la table et à lui souffler dans le nez la fumée de ses mauvais cigares. Celui-ci résista cent jours avant de le congédier. Madelin en a gardé une solide amertume.

Deux ans après sa démission forcée, quand on l'interrogeait sur cette période, l'ancien ministre avait les larmes aux yeux. Oui, il en pleurait encore. Depuis, il a fondé son propre parti et s'est ancré dans le camp libéral.

Libéral, Madelin l'est jusqu'au bout des ongles. Pour les entreprises comme pour la consommation de cannabis. Il a un côté anar qui peut plaire. Lors d'une réunion publique au Canet, en décembre 2000, il a fait venir jusqu'à la tribune un élévateur qui a déversé deux ou trois mètres cubes de journaux officiels et de codes en tout genre. « J'ai souhaité que vous puissiez accueillir la Loi, a-t-il lancé avant d'expliquer : Et encore, ce n'est qu'un échantillon ! Empilés les uns sur les autres, les 520 000 lois et règlements qui régissent la vie des Français feraient 36 mètres de haut. »

Au début, Chirac s'est tranquillisé en constatant que son parti, Démocratie libérale, était nettement circonspect à l'égard de son propre patron. Chirac y a de solides fidèles, notamment le président de la région Poitou-Charentes Jean-Pierre Raffarin et le maire de Marseille Jean-Claude Gaudin. Mais Madelin a creusé son sillon à coups de formules vachardes. Il est du style à rigoler dans les médias sur Chirac : « Je n'étais pas contre son projet de 1995, puisque je l'ai porté avec lui. Je ne suis pas contre son bilan, puisqu'il n'en a pas. Je ne suis pas contre son projet pour 2002 puisque personne ne le connaît. » Chirac s'efforce donc, depuis que Madelin est candidat, de rallier à son panache tous ceux qui pourraient lui fournir leur soutien. Pas un parlementaire DL qui n'ait été invité à l'Elysée. Raffarin, Gaudin, mais aussi le député de Paris Claude Goasguen, le président du groupe DL à l'Assemblée Jean-François Mattei se sont vu promettre monts et merveilles. Le tout sera de ramener au deuxième tour sur Chirac les voix qui auraient pu s'égarer au premier.

« Madelin a plus d'idées, mais Bayrou a plus d'ambition », disent cependant les experts de la droite. Et c'est encore ce qui paraît à Chirac le plus déterminant en politique. Depuis que Bayrou a obtenu 9,3 % des voix aux élections européennes de 1999 face au tandem Sarkozy-Séguin qui en obtenait péniblement 12,7 %, depuis qu'il s'est déclaré candidat à la présidentielle et qu'il répète : « Face à la crise politique et morale que traverse le pays, il faut un troisième homme », Chirac le surveille de près. Il croit à sa ténacité. Jusqu'à 30 ans, Bayrou a été bègue. Il a dominé avec acharnement son problème d'élocution pour coller à son ambition présidentielle. Depuis qu'on lui a rapporté que François Mitterrand avait dit de lui : « A droite, c'est le plus prometteur », Bayrou n'en finit pas de parler avec mépris de son successeur. « J'ai été ministre de deux présidents de la République et ce n'était pas vraiment la même chose », dit-il souvent.

Certes, Chirac est convaincu depuis longtemps que les centristes ne sont que des invertébrés. Il sait bien que ceux-là peuvent soutenir Bayrou puis s'enfuir à la première déconvenue. En 1995, lui-même a été témoin de ces petites lâchetés. L'ex-sénateur centriste Lucien Neuwirth, par exemple, présidait en 1994 le comité de soutien à Edouard Balladur en Haute-Loire. Il avait même écrit à tous les militants RPR et UDF pour leur dire qu'il choisirait le Premier ministre « seul susceptible de rassembler la majorité ». Lorsque Chirac est remonté dans les sondages, il s'est fendu d'une nouvelle lettre qui marquait un audacieux changement de cap : « Comme je vous l'ai dit, il y a trois semaines, je soutiendrai le candidat qui rassemble le mieux : Jacques Chirac. » La formulation était la même mais le nom avait changé.

Depuis, Chirac s'efforce seulement de gêner Bayrou dans sa campagne. Déjà, il dispose d'un traître dans la place en la personne de Philippe Douste-Blazy.

Ce n'est pas que Chirac ait beaucoup d'estime pour le maire de Toulouse. Il l'a toujours jugé « assez creux ». Mais Douste tient le groupe UDF à l'Assemblée nationale. Et Chirac sait qu'en lui faisant miroiter un poste de Premier ministre, Douste-Blazy fera tout son possible pour gêner jusqu'au bout celui qui préside son propre parti. Bayrou croyait pouvoir tenir ses troupes grâce à l'inversion du calendrier ? Il n'est pas au bout de ses peines. En novembre 2000, Jérôme Monod a orchestré un appel à l'union de l'opposition signé par 365 parlementaires. Et depuis, il tente de pousser à une formation unique de la droite qui briserait toute velléité d'émancipation à droite.

Du point de vue de Chirac, la double candidature de Bayrou et de Madelin n'est pourtant pas une mauvaise nouvelle. Comme le dit Jean-Claude Gaudin, « s'ils sont deux, cela réduit tout de même leur espace ». En novembre 2001, les sondages montrent d'ailleurs que les deux hommes n'ont toujours pas décollé. Mieux, les médiocres débuts de campagne de François Bayrou le maintiennent à peine autour de 5 % des intentions de vote. Mais il ne faudrait pas qu'ils s'avisent de trop taper sur Chirac. Le président veut bien qu'ils existent. Mais juste assez pour ne pas le gêner.

22.

Avec les grands de ce monde

C'est sans aucun doute le rôle que Chirac préfère. Quand il s'ennuie, quand il veut se convaincre de son utilité, quand il s'angoisse devant la minceur de son bilan en politique intérieure, le président se plonge dans les dépêches venues des ambassades de France du monde entier, convoque les diplomates de l'Elysée et se persuade qu'il possède au moins une image internationale de qualité.

Chirac a toujours aimé la fréquentation des grands de ce monde. Déjà, lorsqu'il était maire de Paris, il avait eu l'intelligence de faire de l'Hôtel de Ville un des lieux de passage de tous les hôtes étrangers de la France. En vingt ans, il en a accueilli des chefs d'Etat américains, des rois africains, des Premiers ministres d'Asie. Il a connu l'Espagnol José María Aznar à ses débuts, a trinqué avec Boris Eltsine, a valsé avec la femme de George Bush et il peut citer sans se tromper une bonne partie du personnel politique japonais. De toutes les images de son père que Claude Chirac met en scène, ce sont encore celles où il figure dans le grand concert du monde qu'elle supervise avec le plus de soin. Pas une photo de sommet européen où il ne figure, au centre et souriant, en doyen paternel des dirigeants des Quinze. Pas une réunion du G8 où il ne s'arrange pour qu'un aparté complice avec le président américain ou russe soit largement saisi par les caméras du monde entier. Chaque geste est étudié. Chaque signe a son sens. Dans son travail harassant de président, ce sont ces mises en scène-là qu'il préfère. Lorsqu'il a reçu TF 1, le 10 juin 1999, pour évoquer l'intervention de l'OTAN au Kosovo, il avait ainsi tout exprès disposé sur son bureau une série de téléphones : « Le gros, là, c'est le téléphone qui me relie au président Clinton. Il marche très bien. Et celui d'à côté a une touche spéciale qui est réservée au président Eltsine. » L'action diplomatique de Chirac mise d'abord sur la pédagogie.

Mais elle n'est pas que cela. Du fait de la cohabitation, la rivalité qui l'oppose à Lionel Jospin s'est aussi exprimée sur le terrain de la politique étrangère et sur « la stature d'homme d'Etat » qu'elle est censée donner à celui qui s'en saisit. La communication a pris bien souvent le pas, en matière de politique étrangère, sur la réalité de l'influence. La France n'est plus depuis longtemps une puissance de premier plan et, le chef de l'Etat français l'eût-il ardemment souhaité, elle n'a plus le poids qu'elle a pu connaître sous de Gaulle. Mais enfin, elle joue encore un rôle, au sein de l'Europe. Et si elle n'est au mieux qu'une puissance moyenne, elle n'est pas non plus totalement négligée. Or, Chirac ne jouit jamais plus du pouvoir que lorsqu'il incarne la France devant des chefs d'Etat étrangers.

« Je dois dire qu'en matière de politique internationale, Chirac est assez ouvert, reconnaît Hubert Védrine. Bien sûr, il a beaucoup de succès auprès de ses homologues étrangers car il sait établir un contact personnel et chaleureux avec chacun d'entre eux. Mais surtout, il n'a pas une vision trop hexagonale, comme les trois quarts des hommes politiques français. Il connaît bien l'Orient et l'Asie, par exemple. Et c'est important. »

Jacques Chirac est ainsi le seul chef d'Etat français et même occidental à s'être intéressé si profondément au Japon et à la Chine. Il n'a pas seulement étudié leur histoire et leur culture. Il n'est pas seulement un amateur éclairé de l'art chinois, qu'il goûte à l'égal d'un spécialiste, ou de la cérémonie du thé pendant laquelle il peut rester des heures immobile, lui qui ne vit que dans l'action. « C'est bien plus que cela », assure Valérie Terranova, aujourd'hui responsable des relations internationales au RPR. La jeune femme, japonisante, accompagna pendant un mois, en août 1994, Jacques et Bernadette Chirac au Japon. « Je me suis aperçue qu'il aimait non seulement l'histoire très épique du Japon, faite pendant des siècles de destruction et de renaissance, mais qu'il s'intéressait aussi de très près à la société moderne. Il connaît toute la classe dirigeante, le patronat, les syndicats, les intellectuels, les artistes. » Chirac a ainsi été le premier à chercher à doter la France d'une politique asiatique qui lui a longtemps fait défaut. Et il n'a pas ménagé sa peine, au cours de ses voyages à Tokyo, Pékin, Bankgok, pour renforcer le lien euro-asiatique, maillon à ses yeux indispensable à la stabilité du monde de l'après-guerre froide, dominé par les Etats-Unis.

Pendant sept ans, l'Europe est pourtant restée la grande ambition du président. C'est là qu'il a exprimé la plus profonde transformation de sa culture politique, de sa vision. L'affaire n'était pas évidente au regard du parcours de Chirac. On l'a déjà souligné, il ne s'est converti à la monnaie unique, en 1992, que parce qu'il s'est persuadé qu'il ne pourrait conquérir l'Elysée en affichant un euro-scepticisme qui l'aurait isolé sur l'échiquier international. On l'a dit encore, pendant sa campagne de 1995, il a souvent eu la tentation de naviguer entre le souverainisme d'un Philippe Séguin et la volonté européenne d'un Alain Juppé. Mais son élection à la présidence de la République semble avoir définitivement ancré ses convictions. C'est au nom de la réalisation de l'euro qu'il a engagé le tournant économique du 26 octobre 1995 et pris le risque de trahir ceux qui avaient cru à ses promesses quelques mois auparavant. C'est au nom de la construction européenne qu'il a rompu avec une partie du mouvement gaulliste – ceux qui ont choisi de suivre Charles Pasqua ou pourraient se retrouver dans les thèses de Jean-Pierre Chevènement –, pour mettre ses pas dans ceux de ses prédécesseurs, Valéry Giscard d'Estaing et François Mitterrand, et poursuivre la politique de la France dans l'Union européenne. De cela, les dirigeants allemands, espagnols, italiens ont sans doute pris plus vite la mesure que les Français eux-mêmes.

C'est en tout cas au nom de l'Europe et de ses valeurs que Chirac tente ses actions les plus éclatantes. Dès le mois de juin 1995, il explique ainsi l'action de la France en ex-Yougoslavie : « Notre présence militaire en Bosnie est fondée sur une idée simple et forte : la sécurité de l'Europe se joue aujourd'hui dans cette région. » C'est encore au nom de l'histoire de l'Europe qu'il condamne « la scandaleuse politique de purification ethnique » qui se mène dans ces Balkans où se sont nouées, au XXe siècle, les grandes tragédies du Vieux Monde. Pendant l'hiver 1999, lors des premières frappes de l'OTAN sur l'ex-Yougoslavie, il redit son souci de défendre les valeurs de la démocratie et des droits de l'homme qui fondent à ses yeux l'idéal européen. Qu'importe que la France ne joue en fait qu'un rôle militaire secondaire, qu'importe que le discours se drape avant tout dans la morale humaniste. Chirac continue de faire de l'enseignement populaire à l'intention des Français qui croiraient encore que le pays peut faire cavalier seul.

Pendant la seconde moitié de son septennat, on l'a vu s'attacher, surtout, à se construire un vrai bilan européen. L'analyse qu'il fait des évolutions de l'opinion française sur le sujet entre pour une bonne part dans son attitude. Après le beau score de Charles Pasqua aux élections européennes de 1999, il s'est persuadé que ce dernier, englué dans ses querelles internes avec Philippe de Villiers, serait moins crédible. Il a noté aussi que Lionel Jospin, pris à son tour sur son flanc souverainiste par Jean-Pierre Chevènement, montrait assez peu d'allant sur l'Europe. Il ne manque jamais d'observer que le ministre socialiste des Affaires européennes,

Pierre Moscovici, est plus que critique à l'égard des Verts fédéralistes allemands.

Au sein même de l'Elysée, les europhiles sont devenus de plus en plus influents. Ils sont une petite douzaine d'amis politiques, diplomates, chefs d'entreprise à plaider régulièrement la cause européenne. Parmi eux, on trouve bien sûr l'ancien Premier ministre Alain Juppé, le commissaire européen Michel Barnier et surtout Jérôme Monod. Alain Juppé travaille depuis la fin de 1999 à l'élaboration d'une Constitution européenne. Monod, lui, est un européen convaincu. Déjà, lorsqu'il était secrétaire général du RPR en 1976, au lendemain de sa création, il s'exaspérait du chauvinisme de Marie-France Garaud et de Pierre Juillet. Il a claqué la porte en 1978 en partie parce qu'il ne supportait plus leur vision frileuse de la France. Sa longue expérience de dirigeant d'entreprise, notamment à la tête de la Lyonnaise des Eaux, l'a rendu militant européen acharné. Il minaude quand on emploie devant lui le terme, mais ses écrits montrent qu'il n'est pas loin de défendre les thèses les plus fédéralistes. Depuis qu'il est arrivé à l'Elysée, le 2 juin 2000, son influence sur le sujet s'est encore accentuée.

Ce sont ces hommes qui, avec les diplomates de l'Elysée, vont concevoir le discours que Chirac doit prononcer au Reichstag, à Berlin, le 27 juin 2000. Déjà, le 12 juin, le très charismatique ministre des Affaires étrangères allemand, Joschka Fischer, un des leaders des *Grünen* (Verts), a proposé la création d'une Europe fédérale. Chirac entre donc dans le débat. Il récuse la création « d'un super-Etat européen qui se substituerait aux Etats-nations », mais il souhaite une « accélération de l'intégration européenne à brève échéance » et prône l'adoption d'une Constitution européenne. Du même coup, il dame le pion à Lionel Jospin en se faisant applaudir par un Bundestag allemand à majorité social-démocrate. Pierre Moscovici peut bien marquer, deux jours plus tard, la mauvaise humeur du gouvernement français en assurant publiquement que le discours de Chirac « n'est pas celui des autorités françaises », la présidente du RPR, Michèle Alliot-Marie, qui n'a sans doute pas bien saisi la stratégie chiraquienne, peut avouer qu'elle est un peu réticente sur « le terme » de Constitution européenne, le président a montré que c'est lui qui, en France, donne le ton du débat européen, alors que la France doit prendre la présidence de l'Union le 1er juillet 2000.

Depuis, il n'a jamais cédé ce terrain-là à son rival. Hubert Védrine, qui a la cruauté très politique, assure : « Il est incapable de tenir dans une négociation à plusieurs et Blair et Schröder en ont souvent profité. » Au sommet de Nice, où devaient se conclure, en décembre 2000, les modalités de l'élargissement de l'Union européenne, la presse étrangère fourmillait de critiques contre ce diable de Français, démagogue et léger. Mais c'est lui qui tient les discours les plus enflammés sur l'Europe. Et qu'un gaulliste dame le pion à un social-démocrate sur ce point, cela ne s'était jamais vu.

La compétition entre Jacques Chirac et Lionel Jospin ne s'est pourtant pas jouée sur la seule vision

275

de l'Europe. Le premier gros conflit entre les deux hommes a eu lieu sur un terrain autrement plus mouvant : celui du Proche-Orient. Sur le fond, il n'est pas sûr que les deux hommes soient vraiment en désaccord profond sur la position à tenir concernant le conflit israélo-palestinien. Chirac est-il vraiment plus pro-arabe et Lionel Jospin plus pro-israélien ? La France a-t-elle d'ailleurs encore les moyens de jouer un rôle dans cette guerre ? Mais c'est sur la tonalité qu'ils ont donnée à leurs voyages respectifs dans cette région si explosive du monde qu'ils se sont le plus remarquablement opposés.

Du voyage de Chirac à Jérusalem, avant la cohabitation, en octobre 1996, il est resté en effet une image. Celle du président, le visage blême et l'expression fermée, refusant d'entrer dans l'église Sainte-Anne tant que les hommes en armes de la sécurité israélienne n'en seraient pas sortis. Celle aussi du chef de l'Etat français attrapant par le col de sa veste un policier israélien qui l'empêchait d'approcher les dignitaires religieux venus l'accueillir ; puis convoquant le chef de la sécurité israélienne au milieu des souks du quartier musulman pour hurler, dans un anglais mâtiné d'un fort accent français : « Mais que voulez-vous ? Que je remonte dans l'avion et que je rentre en France ? Ça suffit ! Ce n'est pas de la sécurité, c'est de la provocation ! » Celle enfin de Chirac s'attardant à serrer les mains des commerçants palestiniens puis recevant un peu plus tard les excuses du Premier ministre israélien Benyamin Netanyahou, pour ce zèle intempestif de ses soldats : « Jacques Chirac est un excellent ami d'Israël. Je suis vraiment désolé. Nous avons fait cela pour une juste cause, pour protéger un ami. »

Du voyage de Lionel Jospin au Proche-Orient, du 23 au 26 février 2000, les images seront tout aussi brutales mais leur signification politique va paraître inversée. Avant de se rendre au Proche-Orient, Lionel Jospin a longuement évoqué son déplacement avec le président. Dans quelques mois, la France va prendre la présidence de l'Union européenne et il s'agit de signifier qu'elle est prête à aider à trouver une solution équilibrée au conflit israélo-palestinien. Lionel Jospin est diplomate de formation, il a été secrétaire national aux relations internationales pour le parti socialiste, il connaît la plupart des nouveaux chefs de gouvernement sociaux-démocrates élus en Europe, il juge qu'il a lui aussi son réseau. En juin 1998, il s'est rendu aux Etats-Unis où il a été formidablement reçu par le couple Clinton. Il est allé en Russie, au Maroc, au Québec, en Afrique, en Afrique du Sud. Le ministre des Affaires étrangères Hubert Védrine se félicite de pouvoir imprimer peu à peu la marque du gouvernement à l'étranger sans que l'Elysée n'y trouve rien à redire.

Chirac, qui garde un souvenir humilié de sa cohabitation avec François Mitterrand, n'a pas en effet voulu soumettre son Premier ministre au même régime. Mitterrand ne lui laissait pas un pouce d'autonomie sur la politique étrangère et Chirac a décidé de se montrer plus souple en la matière. Mais il est clair qu'il s'agace de voir le Premier ministre marcher sur ce qui, traditionnellement sous la Ve République, reste le domaine réservé du président.

Lionel Jospin connaît bien Yasser Arafat et le nouveau Premier ministre israélien Ehoud Barak, et il a prévu de passer le même temps, très exactement, en Israël et dans les territoires palestiniens. Seulement, quand vient sa conférence de presse, le jeudi 24 février, Lionel Jospin a déjà eu une journée très chargée. Depuis la veille, il répète qu'Israël doit « faire des efforts ». On l'interroge maintenant sur les attaques du Hezbollah. Et là, après y avoir réfléchi, le Premier ministre lâche : « La France condamne les attaques du Hezbollah, comme elle condamne toutes les attaques terroristes » et évoque « des répliques israéliennes que nous pouvons comprendre », soulignant qu'elles « frappent aussi peu que possible les populations civiles ». A ses côtés, Hubert Védrine a pâli. Mais un autre journaliste insiste sur le terme « terroriste » : « Certains responsables appellent cela des actes de résistance à l'occupation étrangère. » Jospin répond fermement : « Cela m'étonnerait que les autorités françaises aient jamais qualifié les tirs du Hezbollah contre les populations civiles d'actes de résistance. Moi, jamais. » Le ministre des Affaires étrangères s'inquiète aussitôt auprès du Premier ministre de cette sortie. Mais Jospin persiste : « Je dis ce que je pense. »

Jacques Chirac qui, de Paris, a appris l'incident, est furieux. Les propos de Lionel Jospin, explique l'Elysée, « touchent net l'équilibre tactique par lequel la France joue encore un rôle dans cette région du monde ». Le président de la République s'enorgueillit d'avoir consolidé, depuis 1995, les liens avec les pays arabes, avec la Syrie notamment. C'est d'ailleurs une histoire ancienne que la politique arabe de Chirac. Déjà, Premier ministre de Giscard, il avait scellé les liens de la France avec l'Irak. C'est lui qui avait aussi amorcé la coopération nucléaire avec Bagdad qui devait conduire à la construction de la centrale d'Osirak, surnommée par les Israéliens, qui ont détruit la centrale lors d'un raid aérien en juin 1981, « Ochirac ». Chirac aimait voyager de Damas à Tripoli, il parlait avec enthousiasme du roi du Maroc Hassan II, ou d'Hussein de Jordanie, il s'est rendu le 13 juin 2000 aux obsèques du président syrien Hafez el-Assad. Depuis la guerre du Golfe, où les liens d'amitié de Chirac et de Saddam Hussein ont été suffisamment vilipendés, Chirac tente cependant une politique plus équilibrée. Ce jour-là, il envoie donc simplement à Olivier Schrameck une lettre dans laquelle il rappelle l'impartialité qui inspire l'action de la France au Proche-Orient. Et demande au Premier ministre de venir le voir à l'Elysée dès son retour, le samedi soir. Lionel Jospin, cependant, ne répond pas.

Chirac a de la mémoire. Il se souvient justement que lors de son voyage à Jérusalem, quatre ans auparavant, Lionel Jospin, alors premier secrétaire du PS, s'était fait un plaisir de souligner que « la diplomatie est un art difficile » et qu'il « vaut mieux maîtriser les problèmes avant de les rencontrer ». Il a une furieuse envie de lui rendre la monnaie de sa pièce. Mais il ne sait pas encore à quel point les circonstances vont le servir.

Car le samedi, Lionel Jospin aborde le volet palestinien de son voyage alors que le monde arabe est en émoi après ses propos. A l'université de Bir Zeit, où il a prévu de rencontrer des étudiants et leurs professeurs, le comité d'accueil est cinglant. Une centaine d'étudiants l'attendent avec des pancartes : « Le sang libanais ne vous conduira pas à l'Elysée. » Lorsqu'il ressort, à l'issue de son débat, l'ambiance est pire encore. A peine est-il sorti de l'université que c'est un concert de sifflets et de huées. Des pierres commencent à voler. Les gardes du corps forment un pack compact qui se dirige vers la Mercedes du Premier ministre. Lionel Jospin parvient tout de même à se redresser pour s'asseoir normalement à l'arrière de la voiture, mais maintenant, c'est un caillassage en règle qui commence sur le cortège bloqué par la foule. Les caméras de télévision ont tout filmé.

A Paris, l'Elysée est effaré. Le président fait aussitôt savoir qu'il a été « choqué par les incidents regrettables qui ont marqué le passage du Premier ministre à Bir Zeit », mais dans la coulisse, les propos sont nettement plus sévères. Lionel Jospin refusera pourtant de se rendre, à sa descente d'avion, auprès du président de la République, assurant qu'il verra le président mercredi, jour du Conseil des ministres, comme d'habitude.

Si l'on s'est arrêté longuement sur cet épisode au Proche-Orient, c'est qu'il signe la compétition sourde qui a marqué la cohabitation dans un domaine où la France est censée parler « d'une seule voix ». C'est aussi qu'il souligne la volonté de

280

Lionel Jospin de ne pas laisser à Chirac la suprématie sur le seul bilan dont il puisse s'enorgueillir : la politique étrangère.

Lorsque, le 11 septembre 2001, les Etats-Unis sont frappés par les attentats qui détruisent les tours du World Trade Center et une partie du Pentagone, la compétition des discours sera plus exacerbée encore. Sur le fond, là aussi, les divergences sont faibles. L'un est-il plus pro-américain, l'autre moins atlantiste ? Chacun a ses mots et son tempérament. Mais les modalités du soutien français à l'intervention américaine se font en plein accord entre les deux hommes. Comme lors de la guerre du Kosovo, la gestion du conflit se fait sans réel conflit entre l'Elysée et Matignon. Plusieurs fois par jour, les diplomates et les militaires de la présidence de la République, de Matignon, du Quai d'Orsay et de la Défense se téléphonent, échangent des notes et des analyses. Les mêmes télégrammes bleus ou jaunes sont instantanément transmis. Les mêmes rapports de la DGSE et de la DST parviennent aux deux têtes de l'exécutif. « Déjà, les derniers conseils restreints de préparation à Nice avaient été surréalistes », raconte le ministre des Affaires étrangères Hubert Védrine. « A deux reprises au moins, ils ont eu lieu après des moments de grande tension de la cohabitation, notamment au moment de la vache folle. Or, chaque fois, aucune de ces tensions n'y a été perceptible. Le président s'y montrait chaleureux et attentif, le Premier ministre très professionnel. On se parle, on s'accorde. Tout se passe comme s'il n'y avait aucun problème. C'est une espèce d'ac-

cord implicite : on peut se faire la guerre à l'intérieur, mais à l'extérieur, on ne saura rien de nos
querelles. » La bataille se déroule en fait sur le terrain de la communication. Chirac annonce-t-il qu'il
a téléphoné à Gerhard Schröder et Tony Blair ? Jospin rétorque lui aussi qu'il a conversé avec le chancelier allemand et le Premier ministre britannique.

Chirac apporte, cependant, un soin tout particulier à son image et à ses mots. Il est le premier
chef d'Etat étranger à se rendre à Washington et
New York, les 18 et 19 septembre. C'est lui qui, à la
Maison-Blanche, s'entretient avec George W. Bush,
lui qui survole les décombres du sud de Manhattan
en compagnie du maire de New York. Lui qui
incarne la France à l'étranger. Ses troupes n'ont
plus ensuite qu'à égrener la nécessité, en des temps
troublés, d'avoir à la tête du pays « un homme d'expérience et d'envergure internationale ».

C'est encore lui qui, par petites touches pru-
dentes mais répétées, amène les Français à soutenir
la guerre que conduisent les Américains en Afgha-
nistan ; lui qui insiste sur la nécessité de ne pas faire
de ce conflit un choc de civilisations ; lui qui, en
matière de politique étrangère, paraît en somme
dominer. Chirac sait bien que l'une de ses supério-
rités face à Lionel Jospin dans la course qui doit
bientôt l'opposer se joue sur cette évidence : pour
l'heure, c'est lui qui est à l'Elysée.

23.

La machine Elysée

Les mécréants ont parfois au fond de la poche un solide bréviaire. Chirac a le sien, tout plein de théorèmes politiques auxquels il croit. En politicien accompli, il s'est écrit mentalement son petit livre d'enseignements à partir de son long parcours intérieur. Il peut en livrer quelques sentences, au hasard de ces conversations du dimanche qu'il tient avec ses visiteurs. On ne doit pas se fier, alors, au ton distancié qu'il prend pour délivrer ce qui ressemble parfois à des recettes de grand-mère. Ce bréviaire-là renferme les secrets de sa stratégie.

Des quinze dernières années de son parcours d'homme public, Chirac a ainsi tiré quelques grandes règles qui dictent sa conduite politique. La première a sous-tendu cette campagne permanente et au long cours qu'il a mise en place au lendemain de son échec de 1988. Il la livre parfois sous forme de dicton : « On n'a jamais vu une semence qui ne levait pas. » Il laboure donc la France du nord au sud et d'est en ouest, convaincu que c'est ce contact personnel établi avec des milliers de Français qui lui a valu en 1995 son élection et qui lui permettra peut-être de rester à l'Elysée. Chirac le terrien sème, arrose et récolte. Son statut de président n'y a rien changé. Sa façon de faire de la politique pourrait lui valoir le Mérite agricole. Il lui doit, en tout cas, une bonne partie de sa popularité.

Il croit aussi avoir compris l'un des aspects les plus cruels de l'esprit français. Ce peuple qui a porté la politique au degré le plus élevé de la sophistication, qui a fait la Révolution et s'est longtemps écharpé pour ses idées, aime aujourd'hui faire souffrir ses représentants. Il veut qu'ils en bavent, qu'ils s'échinent à lui plaire, que la victoire n'arrive qu'après une longue route douloureuse. Et lorsque l'un d'entre eux parvient au sommet sans avoir beaucoup combattu, ce peuple le fait mieux souffrir ensuite. Valéry Giscard d'Estaing en sait quelque chose qui parvint sans coup férir à conquérir l'Elysée en 1974 pour en être délogé, humilié, sept ans plus tard. Les Français l'avaient élu, jeune encore, portant élégamment son col roulé. Ils l'ont contraint ensuite à une longue et insupportable retraite.

L'amour du peuple est un amour vache, mais Chirac estime avoir eu son lot de souffrances. « Mettez Chirac tout seul dans une pièce et il mourra », disait son conseiller Denis Baudouin, aujourd'hui décédé. Chirac a pourtant survécu à la solitude de 1994. Il en a même fait l'un des ressorts de sa nouvelle image. « Il se battait seul, comme un Don Quichotte, disait alors Dominique de Villepin, alors nous nous sommes débrouillés pour que son combat apparaisse au moins comme un combat méritoire sur le plan humain. » L'idée n'était pas si mauvaise : les Français ont toujours eu de la sympathie pour Poulidor.

Depuis qu'il est à l'Elysée, il craint parfois que son bonheur ne soit trop visible. Il en rajoute donc dans la compassion. Une tempête dévaste une partie du pays ? Le voici le visage grave, en parka bleue, posant au milieu des arbres arrachés. La Somme déborde de son lit et se déverse sur des centaines d'habitations ? Le voilà qui exprime sa solidarité aux inondés. Le 1er mai, une délégation de fleuristes vient-elle lui remettre le traditionnel bouquet de muguet de l'année ? Il dédie la fleur porte-bonheur à « tous les Français qui vivent ce 1er mai dans des circonstances difficiles ». Les juges le harcèlent-ils ? Il se pose en « victime permanente ». Même Bernadette a été envoyée raconter dans un livre[1] et sur les plateaux de télévision les drames vécus par la famille. Ses supporters peuvent bien souligner la « pudeur » légendaire du président, il fait savoir par entourage interposé qu'il a eu son lot de ces souffrances dont se repaissent volontiers les électeurs.

Les interventions publiques de Bernadette Chirac sont l'une des lignes de défense les plus subtiles qu'ait d'ailleurs trouvées jusqu'ici son mari. Lorsque les juges se sont intéressés, en juin 2001, aux voyages privés qu'il avait pu accomplir, *Libération* a publié en effet, pour illustrer un article sur le sujet, une photo de Chirac allongé sur un transat, dans

---

1. *Conversation, op. cit.*

une île lointaine, accompagné de deux journalistes amies. Cela a provoqué un branle-bas de combat à l'Elysée. Le président a vu là une possible mise en cause de sa vie privée. L'ancien chauffeur de Chirac, Jean-Claude Laumond, enfonce même le clou quelques mois plus tard en publiant un petit récit intitulé *Vingt-cinq ans avec Lui,* où il raconte à son tour les escapades lointaines de l'ancien maire de Paris avec l'une de ces deux journalistes. Que l'on puisse expliquer certaines légèretés financières par la vie privée du président a paru un danger suffisant pour qu'une contre-attaque soit lancée. Bernadette Chirac a donc évoqué elle-même les infidélités de son mari dans son livre *Conversation.* Et qui a-t-elle convoqué, dans l'émission de Michel Drucker qui devait servir de promotion à cet ouvrage ? Hillary Clinton, elle-même. L'épouse bafouée qui sut sauver son mari de ses propres incartades... Il ne sera pas dit que Bernadette Chirac n'a pas elle aussi son utilité. L'immense popularité de la première dame de France, les énormes ventes de son livre ont d'ailleurs achevé de convaincre le clan qu'il est encore son meilleur agent de promotion. Désormais, la famille est l'un des atouts maîtres de la machine Elysée.

La troisième grande règle du bréviaire chiraquien est plus politique. Elle est mieux connue aussi. Chirac l'a peu à peu formulée après ses deux expériences de Premier ministre : « Matignon provoque toujours l'irrépressible ambition de traverser la Seine pour atteindre l'Elysée. Mais l'usure qui atteint immanquablement tout Premier ministre l'empêche d'y pénétrer. » Parfois troublé par la popularité persistante de Lionel Jospin, il n'a jamais pourtant douté qu'il disposerait au final de cet énorme avantage que donne la légitimité présidentielle. Il laisse donc son chef du gouvernement s'engluer dans la gestion concrète des difficultés de la société. Lui n'en finit pas de labourer le champ porteur des émotions françaises. Déjà, en 1995, le candidat Chirac assurait face au Premier ministre Edouard Balladur : « Les Français ne voteront pas pour un bilan, mais pour la part de rêve qu'ils gardent au fond d'eux-mêmes. » Devant la minceur des acquis de son septennat, le président Chirac veut croire que la maxime reste vraie. Il est le chef de l'Etat depuis 1995, mais, il en est convaincu, aux yeux des électeurs, c'est Lionel Jospin qui est le sortant.

En sept ans, Chirac a d'ailleurs eu le temps de transformer l'Elysée en une formidable machine à réélection. Déjà, sous le gouvernement Juppé, mais plus encore depuis la cohabitation, il y dispose d'une sorte de *shadow cabinet* où chaque conseiller doit pouvoir l'alerter sur les attentes, les modes, les inquiétudes des Français. Jérôme Monod a mis en place des dizaines de groupes de réflexion. Claude n'a jamais autant commandé d'enquêtes d'opinion. Tous les mots que décline Chirac sont le résultat de ce travail-là. Qu'importe que le président résume sa vision de l'avenir en une formule à la fois abstraite et ambitieuse : « Ce siècle sera celui de l'éthique. » Qu'il parle d'« écologie humaniste » ou de sécurité, Chirac veut embrasser l'ensemble des préoccupations des Français.

Est-ce la résultante des trahisons et du découragement systématique de tous les rivaux de son propre camp qui veut cela ? Est-ce un des effets de la logique élyséenne ? Chirac semble en tout cas avoir ajouté une dernière règle à son recueil de théorèmes : il ne faut croire d'abord qu'en soi-même. Lui, l'ancien chef de parti, a paru maintes fois douter désormais de l'utilité des mouvements politiques. Le RPR lui a en partie échappé depuis qu'il n'est plus présidé par Alain Juppé. Il peut bien déjeuner chaque mardi avec la présidente Michèle Alliot-Marie dont il ne voulait pas, lui donner du « ma petite Michèle » et avoir placé autour d'elle plusieurs de ses fidèles, il n'a plus le même attachement à la survivance de ce mouvement qu'il a pourtant fondé. A Nicolas Sarkozy, il a dit carrément les choses : « Je suis préoccupé par le vide des programmes de nos différents partis politiques, de même que par leurs réactions quasi systématiquement en décalage avec la société. D'ailleurs, les organisations politiques elles-mêmes sont profondément démodées. C'est arrivé à un point où, si j'étais réélu, il me serait impossible de choisir un Premier ministre parmi les présidents des formations politiques de l'actuelle opposition[1]. » Le constat est effrayant de la part de celui qui a lui-même contribué à lessiver la droite. Mais Chirac a l'égoïsme facile. La dissolution qu'il a voulue a décimé sa

---

1. Nicolas Sarkozy rapporte cette conversation dans son livre *Libre*, Robert Laffont-XO, 2001.

famille politique mais s'il n'en reste qu'un, ce sera lui.

A partir de quand a-t-il caressé l'idée d'être réélu à la présidentielle même si la droite devait encore subir une nouvelle débâcle ? Dès qu'il a vu qu'il pouvait retrouver intacte sa popularité alors que la plupart des barons du RPR et de l'UDF restaient dans les choux. Le 13 septembre 2000, quelques jours avant le référendum qui devait adouber le quinquennat, il l'a dit tout de go... devant une assemblée d'enfants. Chirac peut mentir avec allégresse à ses meilleurs amis politiques. Devant une cinquantaine de gamins du conseil municipal des jeunes d'Issy-les-Moulineaux, il osa ce jour-là la vérité. Jérémie, 14 ans, venait de demander : « Mais si on fait le quinquennat, on élira le président et les députés en même temps, et les gens seront un peu obligés de voter la même chose pour le Parlement et pour l'Elysée. Est-ce que cela ne va pas encore plus les pousser à se désintéresser de la politique ? » Le président, charmant, expliqua doucement : « Ce n'est pas du tout évident, tu sais. Evidemment, la cohabitation n'est pas le moyen le plus efficace, encore qu'elle ne soit pas le pire ; mais on peut être de droite ou de gauche et voter comme tel au Parlement et puis choisir un homme particulier comme président. » Un homme particulier comme président...

Le changement de calendrier, voulu par Lionel Jospin, n'a pas totalement rendu caduque cette idée. Il lui faudra bien sûr rassembler la droite sur son nom au second tour, mais il est convaincu que

289

les clivages gauche-droite se sont si largement atté-
nués, en France, qu'il doit surfer sur des thèmes
susceptibles d'amener vers lui ce marais d'électeurs
qui aujourd'hui se déterminent au dernier moment
sur le « mieux disant ».

La réussite de certains candidats de droite aux
municipales de mars 2001 a d'ailleurs été analysée
non pas comme la résurrection de la droite, mais
comme la confirmation de la réussite de ce que
l'Elysée appelle pompeusement « la génération terrain ». Génération terrain ? Quoi de plus éloigné
des idéologies ? Quoi de plus proche de ce qu'est
profondément Chirac ? Capable de tous les revire-
ments pour coller à la réalité des choses. Pour la
quatrième élection présidentielle de sa carrière,
Chirac s'apprête donc à être social et sécuritaire,
européen et garant de l'unité républicaine.

Même la réorganisation de son cabinet, à l'approche des présidentielles, répond à cette approche.
La conseillère culturelle Christine Albanel, que
Claude Chirac jugeait « beaucoup trop à droite », a
préféré rejoindre le Conseil d'Etat. Auparavant,
Jean-Pierre Denis – en rivalité avec Dominique de
Villepin –, qui passait aux yeux de Claude pour un
« foldingue du libéralisme », avait dû partir pour le
secteur privé quelques mois après la dissolution.
Celui qui était jusqu'alors le conseiller social, Philippe Bas, est devenu secrétaire général adjoint.
Ancien collaborateur des centristes Simone Veil et
Jacques Barrot, ce démocrate-chrétien a pris du
poids dans la machine élyséenne. C'est lui qui a ins-
piré les discours présidentiels sur la démocratie

locale à Rennes, ou sur la sécurité à Dreux. A l'automne 2001, le président a aussi fait venir l'ancien préfet de police de Paris, Philippe Massoni. Reste à manger la laine sur le dos de son adversaire socialiste. Il a bien noté l'agressivité d'une bonne partie de l'extrême gauche à l'égard de Lionel Jospin. Lors des affrontements violents qui opposèrent, à Gênes en juillet 2001, la police italienne aux manifestants anti-mondialisation, Chirac fut le plus prompt à condamner les violences policières. Mais pour faire bon poids et parce que le nom de Chirac doit être porté sur tout l'échiquier politique, il envoie Bernadette dire ses réticences sur l'avortement et le divorce et expliquer qu'elle s'est toujours sentie beaucoup plus souverainiste qu'européenne convaincue. Lorsqu'il s'agit du pouvoir, la famille Chirac, on l'a déjà dit, peut se montrer d'une ténacité redoutable...

Compter d'abord sur soi-même n'empêche pourtant pas d'utiliser les autres à bon escient. De ce point de vue-là, Chirac est un politicien à l'ancienne. Bien sûr, il a promis Matignon à dix personnes s'il est réélu. Au commissaire européen Michel Barnier, qui croit en ses chances, il confie : « C'est bien, tu es parvenu à te faire une véritable image internationale. » A Philippe Douste-Blazy, qui est si sûr de ses succès, il récite par cœur l'énoncé de sa cote de popularité. A François Fillon, il explique : « C'est important en politique d'avoir une bonne gueule. » Devant Jean-Pierre Raffarin, qui parfois se met à y penser, il se félicite : « C'est fou ce que tu as une bonne image en province. »

Même Alain Juppé, qui pressent pourtant que Chirac ne pourra pas rééditer en 2002 l'attelage malheureux de 1995, a trouvé son lot de consolation. Le président laisse Jérôme Monod organiser les prémices de ce parti unique de l'opposition que la droite n'a jamais su créer et dont Juppé rêve comme d'un marchepied à sa propre candidature à la présidentielle. En 2007 !

Le plus résolu de tous reste pourtant Nicolas Sarkozy. Sarkozy, qui n'attendait qu'une occasion pour vaincre le bannissement prononcé par les Chirac au lendemain de la présidentielle de 1995, revient désormais régulièrement à l'Elysée. A lui aussi, Chirac a laissé entrevoir la porte de Matignon. Mais Sarkozy connaît trop son Chirac pour ne s'en tenir qu'à ses promesses. Un jour, quelques mois avant la présidentielle, Jacques Chirac a d'ailleurs fait mine d'insister : « Et toi, Nicolas, est-ce que tu me fais confiance ? » Nicolas, comme toujours face à Chirac, a pris son air bravache : « Vous voulez que je vous réponde par une formule toute faite ou que je vous dise la vérité ? » Le président a vaguement souri en haussant les épaules : « La vérité, bien sûr », a-t-il hasardé. Alors Sarkozy a lâché crânement : « La vérité ? Eh bien, pas tout à fait. »

C'est ce « pas tout à fait » qui le pousse à se rendre indispensable. Il bûche ses dossiers, fournit des idées, élabore des stratégies. « Je prends Chirac avec ses qualités et ses défauts, a-t-il coutume de dire, et je m'organise en fonction de cela. » Il tente donc aujourd'hui d'être celui qui ramènera au président le programme et les quelques ténors dont il aura

besoin. Le 18 juillet 2001, il a ainsi osé convier
autour d'une même table Philippe Séguin, Dominique de Villepin et Alain Juppé. Ces trois-là sont
depuis des années un véritable bloc de haine. Mais
ils ont indiscutablement partie liée. Juppé veut pouvoir régner sur sa future Union de la majorité. Villepin veut rester l'un des artisans de la victoire de
Chirac, si elle a lieu, et glaner au passage un ministère qui l'ancre définitivement en politique. Séguin
a besoin d'une circonscription gagnable aux législatives puisque sa carrière parisienne paraît définitivement compromise. Sarkozy, lui, voudrait les mettre
tous d'accord afin de prouver son utilité. Déjà, il a
vendu à Chirac l'idée de faire monter au créneau
Séguin afin de rallier au deuxième tour les électeurs
de droite qui pourraient être amenés à voter en
faveur de Jean-Pierre Chevènement. Que ces
quatre-là aient des caractères opposés importe finalement peu. « Philippe peut jouer les autistes et ne
pas décrocher un mot pendant tout un repas, dit
drôlement Sarkozy, et Alain est atteint d'une autre
forme d'autisme qui consiste à s'enfermer dans sa
propre conversation. » Leur rencontre prouve que
la génération qui fit la victoire de Chirac en 1995
doit encore se résoudre à travailler à sa réélection
en 2002. Ces hommes se voulaient le renouvelle-
ment. Ils ne seront, comme les autres, que les
rouages de la machine Elysée.

Epilogue

Tout est en place désormais pour le dernier combat. Jusqu'à la dernière minute, rien n'est jamais gagné, rien n'est jamais perdu. Chirac est un général qui a beaucoup maltraité ses troupes. Mais aucun de ses officiers n'a jusqu'à présent réussi à exister en dehors du champ de bataille qu'il s'est choisi. Beaucoup d'entre eux ont résisté. La plupart se sont rendus à cette évidence qu'avaient comprise les premières Bernadette, Laurence et Claude : si l'on ne concourt pas à l'intérêt politique de Chirac, on n'existe tout simplement pas. Il faut croire que ce démon du pouvoir qui l'habite est bien plus puissant que ne le sont les ambitions de ses semblables.

Les hommes politiques devraient penser à ceux qui vont suivre, préparer leur succession. Ils s'y refusent presque toujours car ce serait déjà s'enterrer un peu. De Gaulle, la référence affichée de Chirac, choisit de s'exiler. Georges Pompidou, son véritable modèle politique, préféra vivre son agonie à l'Elysée et mourir sans rien avoir organisé pour la suite. Le rival Valéry Giscard d'Estaing se croyait trop jeune pour décrocher. François Mitterrand lutta, comme jamais les médecins n'avaient cru que l'on pouvait lutter contre un cancer, afin de goûter jusqu'au dernier jour la saveur inégalée du pouvoir. Chirac, lui, a pu être donné pour politiquement mort mille fois. Il a été blessé et a tué plus qu'à son tour. Il a même pu suicider sa propre majorité. Jamais sa vitalité à rester au pouvoir n'a été prise en défaut. Alain Juppé peut bien se croire son dauphin, Nicolas Sarkozy, François Bayrou, d'autres encore peuvent bien s'espérer ses successeurs, Chirac n'a jamais pensé qu'à sa propre réélection. Cette énergie animale qu'il a employée à se construire son propre destin est proprement extravagante. Sans elle, pourtant, il ne serait arrivé à rien. Elle a fait de lui un miraculé, un phénomène, une exception, c'est selon. Mais lorsqu'il en aura terminé, si son bilan politique paraît trop léger dans la balance, le public pourra dire ce que l'on dit des seuls monstres sacrés : « Tout de même, quelle vie ! »

Jacques Chirac bourreau de lui-même

POLITIQUE

CHRONIQUE

PATRICK JARREAU

L'art politique de Jacques Chirac a long-temps consisté, pour une part importante et même décisive, à user ses rivaux. Tout détenteur d'un pouvoir qui bornait le sien ou qui menaçait de lui barrer la route de l'Elysée s'est exposé à un travail de démolition systématique, dénué de tout scrupule. Les exploits de Jacques Chirac, dans ce domaine, sont fameux. Les victimes de sa ténacité sont célèbres, de Valéry Giscard d'Estaing à Lionel Jospin.

Qu'a-t-il fait d'autre, après avoir claqué la porte de l'Hôtel Matignon, en 1976, que de s'employer à miner la présidence de celui qu'il avait aidé à élire ? Pendant presque cinq ans, de guérilla parlementaire en batailles électorales, le chef du RPR, devenu maire de Paris contre la volonté du président, n'a eu de cesse que d'user, limer, réduire en poudre l'autorité de ce dernier. Il est vrai qu'il n'a pas osé aller au bout de sa logique en renversant le gouvernement de Raymond Barre, parce qu'il savait que Giscard dissoudrait l'Assemblée et que les électeurs, d'une manière ou d'une autre, sanctionneraient le fauteur de troubles. Mais, au bout du compte, Valéry Giscard d'Estaing a été battu et n'a jamais pu se mettre en position d'être de nouveau candidat.

Le travail de sape de Jacques Chirac fut extrêmement efficace, en 1986, contre Raymond Barre et de nouveau, sept ou huit ans plus tard, contre Edouard Balladur. On dira que, dans ce dernier cas, il n'était pas l'agresseur et que son allié avait pris le parti de le trahir et de le priver d'une troisième tentative pour accéder au sommet de l'Etat. D'abord, l'argument de la trahison se discute. « Tout le monde trahit tout le monde, c'est la loi du genre », comme l'a dit un jour Jacques Chirac lui-même, qui connaît le sujet. Au sein d'un même camp, il est parfois impossible à un plus jeune ou à un numéro deux de se mettre en avant sans bousculer le tenant du titre. Michel Rocard, qui n'a pas osé ou n'a pas pu forcer sa chance contre François Mitterrand, n'a rien gagné à se montrer loyal. Ensuite, entre Balladur et Chirac, la répartition des droits à candidature n'était pas aussi limpide que le prétendaient les chiraquiens. La contribution du premier à la reconstruction de la droite, après 1988, et ses succès à la tête du gouvernement, en 1993, le qualifiaient au moins autant que le second pour briguer l'Elysée.

Lionel Jospin a éprouvé à son tour l'efficacité de la machine à démolir que maîtrise parfaitement Jacques Chirac. Evidemment, qu'il s'agisse du premier ministre socialiste ou de ses rivaux de droite, Chirac a su exploiter les erreurs de ceux qu'il voulait battre. Il reste que sa capacité à revenir de loin est inégalée. Qui aurait parié sur lui après sa défaite de 1988, lors de son isolement en 1994 ou au lendemain de la dissolution manquée de 1997 ? Le seul auquel ont peut le comparer, sur ce plan, est François Mitterrand. C'est aussi le seul dont il n'est pas venu à bout.

L'ironie de la vie fait que cette capacité du chef de l'Etat à priver les autres de leurs moyens s'exerce aujourd'hui contre lui-même. Le modèle de ce phénomène a été fourni par le référendum européen, conçu pour nuire à la gauche et qui a anéanti le capital politique du président deux ans avant le terme de son mandat. C'est que Jacques Chirac n'a plus de rivaux, il n'y a que des successeurs. Personne ne cherche à le déposséder de quoi que ce soit. Il n'a rien à conquérir ou à reconquérir au détriment d'un autre. Le seul défi qu'il doive relever est de survivre à sa propre fin. Il exploite ainsi les privilèges de sa fonction : les vœux de Nouvel An, les rencontres internationales, son rôle de chef des armées. Un discours sur la dissuasion nucléaire, qui ne marque aucune inflexion significative, est une occasion à saisir – ou à inventer – pour montrer qu'il détient toujours le pouvoir suprême. Chaque initiative a l'effet inverse de celui escompté puisqu'elle ne montre pas le pouvoir, mais son ombre. ∎

M 00146 - 121 - F: 2,50 €

MODERNITÉ

L'EUROPE, LE MONDE ET LA DIVERSITÉ

Que faire du passé colonial ?

voir page 21

Promulguée par Jacques Chirac le 23 février 2005, la loi sur les rapatriés stipule que les programmes scolaires Français issus des anciennes colonies d'Afrique, des Caraïbes et d'Asie sont-ils des « indigènes de la République », comme le veut une pétition lancée en janvier 2005 ? Les difficultés de l'intégration doivent-elles être mises au compte d'un passé colonial non assumé et non critiqué ? *Le Monde* consacre huit pages aux mémoires coloniales, du côté des colonisés et du côté des colonisateurs, et à l'histoire de la colonisation. ■

outre-mer ». Cet article 4 de la loi, critiqué par des historiens, a fait monter un feu qui couvait. Les Français issus des anciennes colonies d'Afrique, des Caraïbes et d'Asie sont-ils des « indigènes de la République », comme le veut une pétition lancée en janvier 2005 ? Les difficultés de l'intégration doivent-elles être mises au compte d'un passé colonial non assumé et non critiqué ? *Le Monde* consacre huit pages aux mémoires coloniales, du côté des colonisés et du côté des colonisateurs, et à l'histoire de la colonisation. ■

LIRE NOTRE CAHIER SPÉCIAL

Carte postale des années 1900. VARMA/RUE DES ARCHIVES

Ils s'installent dans la capitale du royaume belge, bienveillant pour les fortunés. De plus, ce qui ne gâte rien, Bruxelles est une ville agréable où même l'immobilier cossu reste relativement abordable.

Oussama Ben Laden
Menaces et offre de trêve dans un message du chef d'Al-Qaida

La chaîne de télévision satellitaire qatarie Al-Jazira a diffusé, jeudi 19 janvier, un message sonore d'Oussama Ben Laden. Le créateur d'Al-Qaida y annonce de nouvelles « opérations » sur le sol américain tout en proposant une « trêve durable, sous des conditions équitables ». *Page 4*

Open de tennis d'Australie
Martina Hingis est de retour, Fabrice Santoro résiste

La Suissesse montre qu'il faut à nouveau compter avec elle. Le Français ira en huitièmes de finale. *Page 16*

■ **Sommaire complet en page 30**

Afrique CFA 1200 F CFA, Algérie 60 DA, Allemagne 1,70 €, Antilles-Guyane 1,80 €, Autriche 1,70 €, Belgique 2,50 €, Canada 3 $, Danemark 17 KRD, Espagne 1,80 €, Finlande 2,20 €, Grande-Bretagne 1,10 £, Grèce 1,70 €, Hongrie 460 HUF, Irlande 1,80 €, Italie 1,80 €, Luxembourg 2,50 €, Maroc 10 DH,

Remerciements

Depuis 1993, j'ai suivi pour *Le Parisien*, *Marianne*, puis *Le Monde* les soubresauts de la droite et l'extraordinaire aventure de Jacques Chirac. Bien des épisodes qui sont racontés dans ce livre sont tirés des dizaines de petits carnets de notes qui ne m'ont jamais quittée pendant toutes ces années. Toutefois, de nombreux témoins, amis ou adversaires de Chirac, des hauts fonctionnaires, des conseillers, des experts en communication politique ont bien voulu m'accorder de longs entretiens, sachant qu'ils serviraient de matière à un livre. Certains d'entre eux ont voulu rester anonymes, les autres, la grande majorité, sont largement cités tout au long de ce récit. Je les remercie tous d'avoir accepté d'être observés dans les aléas de leurs parcours et d'avoir bien voulu répondre à mes questions.

A l'origine de ce livre, il y a cependant une volonté et je dois dire que ce n'était pas la mienne. J'avais bien sûr un vif intérêt pour mon sujet et le goût d'en faire le récit. Mais je n'étais pas certaine d'avoir le courage de mener jusqu'au bout ce projet.

Alexandre Wickham, mon éditeur, a eu la ténacité suffisante pour me convaincre, l'intelligence de me conseil-

Remerciements

ler, l'humour bienveillant pour m'engager à poursuivre. Il n'imagine sans doute même pas combien nos déjeuners de travail furent chaque fois comme une solide corde de rappel lorsque je dégringolais dans les abîmes du doute. De ce point de vue-là, ce livre est donc aussi un peu le sien.

Il est également un peu celui de Denis Saverot. En plus d'être mon mari très aimé et le père de nos petits anges, il a été mon lecteur, mon critique, mon soutien. Je n'aurais jamais rien réalisé sans cela.

Je remercie enfin, pour leur patience et leur curiosité, les hommes et les femmes qui font la richesse du service de documentation du *Monde*. Ils m'ont permis de vérifier et de préciser ce que j'avais gardé en mémoire. Leur aide m'a été précieuse tout au long de mes recherches.

Table

Chirac président,
les coulisses d'une victoire

avec Denis Saverot
Ed. du Rocher/DBW, 1995

Seul comme Chirac

avec Denis Saverot
Grasset, 1997

La composition de cet ouvrage
a été réalisée par Nord Compo
à Villeneuve-d'Ascq,
l'impression et le brochage ont été effectués
sur presse Cameron dans les ateliers
*de **Bussière Camedan Imprimeries***
à Saint-Amand-Montrond (Cher),
pour le compte des Éditions Albin Michel.

Achevé d'imprimer en janvier 2002.
N° d'édition : 20532. N° d'impression : 020267/4.
Dépôt légal : janvier 2002.